Tamara und Manfred Rachbauer

Braunau am Inn

Geschichte(n) auf Schritt und Tritt

2010

Geschichten zur Geschichte aus

der Stadt am Inn

Teil I

Herstellung und Verlag: Books on Demand GmbH, Norderstedt

Umschlaggestaltung: Manfred Rachbauer, Braunau am Inn

ISBN: 978-3-8448-1378-4

Inhaltsverzeichnis

Vorwort

Nach jahrelanger akribischer Suche in oberösterreichischen und bayerischen Archiven, Bibliotheken und privaten Sammlungen aber auch durch intensive Recherchen im Internet entstand eine umfangreiche Sammlung heimatlicher Geschichte(n) aus dem Innviertel, welche von uns ausgewertet, chronologisch sortiert und archiviert wurden.

Mit vorliegendem Buch möchten wir einige dieser archivierten Geschichte(n) an interessierte Leserinnen und Leser weitergeben. Die Geschichten erzählen von alten Marineerinnerungen, berühmten Persönlichkeiten, die in unserer Stadt verweilten, winterlichen Naturkatastrophen, von räuberischen Mordgesellen, einer rachsüchtigen Brandstifterin und von sonderbaren und humorvollen Begebenheiten.

Ganz herzlich möchten wir uns bei Herrn Walter Obersberger bedanken, der uns für fast alle Geschichten in kürzester Zeit historische Stiche, alte Fotographien und Ansichtskarten aus seiner umfangreichen Sammlung zur Verfügung gestellt hat. Außerdem möchten wir uns für die Bereitstellung der beiden Originalaufnahmen zur Braunauer Bärenjagd ganz herzlich bei Frau Renate Hoerner bedanken.

Eine Brise Meeresluft in der Salzburger Vorstadt 13

Mit der Ermordung des österreichisch-ungarischen Thronfolgers Erzherzog Franz Ferdinand und seiner Gemahlin Sophie am 28. Juni 1914 und dem sich daraus entwickelnden Ersten Weltkrieg berief sich Italien auf die Satzung des Dreibundvertrages, wonach es nur einem Defensivbündnis angehört, und blieb vorerst neutral. Als Dreibund wird das am 20. Mai 1882 geschlossene Defensivbündnis zwischen der österreichisch-ungarischen Monarchie, dem Deutschen Reich und dem Königreich Italien bezeichnet. Anfang Mai 1915 kündigte Italien den Dreibundvertrag und am 23. Mai folgte die Kriegserklärung des ehemaligen Verbündeten an die Donaumonarchie. Mit der Kriegserklärung befand sich die damals in Fiume (Rijeka) untergebrachte k. u. k Marineakademie nun in einem von Italien bedrohten Gebiet (Janaczek, 2007).

Aus Sicherheitsgründen wurde die k. u. k. Marineakademie zunächst nach Wien in die Stiftskaserne verlegt, aber schon mit dem Studienjahr 1914/15 erfolgte eine weitere Verlegung nach Schlosshof bei Marchegg. Mit Beginn des Studienjahres 1915/16 übersiedelte die Marineakademie ein letztes Mal und kam nach Braunau am Inn in die Salzburger Torkaserne (Tor-kasernen-Passage).

Der eigentliche Kasernenbereich war auf mehrere Gebäude verteilt, die Kaserne Salzburger Vorstadt 13 mit dem Haupttor und die so genannte Notkaserne beherbergten die Marineaka-demie. In der so genannten Sparkassenkaserne befanden sich die Seeaspirantenschule, die Mannschaftsräume, die Gemein-schaftsbäder und die Wäscherei. Nach einigen vergeblichen Versuchen doch noch geeignetere Räumlichkeiten zur Unter-bringung der Marineakademie zu finden (z. B. im April 1916 in der Staatsoberrealschule in Linz), wurde im Mai 1916 das ka-tholische Gesellenheim in der Ringstrasse Nr. 17 gemietet und die Seeaspirantenschule dort untergebracht. Zu Übungszwe-cken wurden mehrere Marineboote und auch ein Original-Kanonenboot nach Braunau transportiert. Leider erwies sich der Inn mit seinen gefährlichen Strömungen und Untiefen als völlig ungeeignet für jegliche Art maritimer Übungen. Aus diesem Grund wurden die Marinekadetten während der Som-mermonate in der Marineübungsstätte „Ferienhort St. Wolf-gang" am Wolfgangsee im Schwimmen, Segeln, Rudern, Bergsteigen und dem Sanitätsrettungsdienst ausgebildet. Der Ferienhort St. Wolfgang wurde im Jahr 1910/11 ursprünglich als Sommererholungslager für einkommensschwache Studenten aus Wien errichtet. Die k. u. k. Marineakademie verwendete nach der Fertigstellung einen Teil des Gebäudes zur maritimen Ausbildung ihrer Marinekadetten.

Mit Ende des Ersten Weltkrieges wurde das Monturmagazin der Marineakademie in Braunau am Inn geplündert. Im Besonderen hatte man es auf die Lagerbestände an Marinetuch abgesehen. Ganze Ballen des doch sehr wertvollen Gewebes waren davon geschleppt worden. Auch die Androhung empfindlicher Strafen konnte die Braunauer Bevölkerung nicht zur Rückgabe der entwendeten Stoffballen bewegen. Alte Erzählungen sprechen davon, dass in den 20er Jahren halb Braunau in Marineblau gekleidet war (Eitzlmayr, 1986).

Nachfolgend wurden grammatikalisch und orthografisch korrigierte Artikel aus verschiedenen oberösterreichischen Zeitungen von 1915 bis 1920 als eine Art chronologisches Tagebuch der Marineakademie in Braunau zusammengefasst.

Eine Marineschule in Braunau, 19. März 1915

Von Braunau, 17. März, schreibt man uns: Heute Mittwoch traf wieder eine Kommission, bestehend aus drei Marineoffizieren und einem anderen Offizier, hier ein und besichtigte die leer stehenden Kasernen. Der Zweck soll die Unterbringung einer Marineschule, welche ungefähr 40 Offiziere und 350 Mann-

schaften umfassen soll, sein. Die Kasernen werden ganz mo-
dernisiert. Sämtliche Räumlichkeiten werden mit elektrischem
Lichte versehen, englische Aborte eingeführt und verschiedene
Umbauten vorgenommen. Die Ausführungen müssen in Bälde
begonnen und bis Mai beendet sein. Wie man weiter erfährt,
sollen die Ubikationen noch im Laufe des Junis bezogen wer-
den. Die hiesige Gemeinde wird bemüht sein, den Wünschen
der Kommission nachzukommen, um unserer verwaisten Gar-
nisonsstadt erneutes militärisches Gepräge zu verschaffen.

Inspizierung, *22. Mai 1915*

Am Donnerstag kam Herr k. u. k. Linienschiffskapitän Oberst
Anton Edler von Triulzi von Marchegg zur Besichtigung der
hier geplanten Marineschule an. Zum Empfang hatten sich am
Bahnhof Herr Bürgermeister Josef Bautenbacher und mehrere
andere Herren der Gemeindevertretung eingefunden. Herr von
Triulzi besichtigte die Lokalitäten der hiesigen Kasernen und
die Innlände und war voll befriedigt von dem Gesehenen. Noch
im Laufe des Monats Juni werden die Kasernen bezogen.

Die Ankunft der Marineschüler, *26. Juni 1915*

Die Ankunft der Marineschüler erfolgt, wie wir aus zuverlässi-
ger Quelle erfahren, am Samstag, den 26. Juni, frühmorgens.
Dieselben werden mittels Extrazuges hier ankommen und so-

gleich ihre Ubikationen beziehen. Seit letztem Samstag sind mehrere Matrosen unter Leitung eines Herrn Marineoffiziers hier anwesend, um die Zimmer und Kanzleien instand zu setzen. Auch kamen schon einige kleine Schiffe an, welche bald auf den Fluten des Inn sich schaukeln werden. Wir hoffen, dass die Herren der Marine sich hier bald heimisch fühlen werden.

Abbildung 1. „Salzburger Torkaserne", Sammlung Walter Obersberger

Die Ankunft der Marineschüler, 3. Juli 1915

Die Ankunft der Marineschüler erfolgte programmmäßig am letzten Samstag mittels Extrazuges aus Marchegg. Die Mehrzahl war aber schon zuvor in Urlaub gegangen und wird erst bei Eröffnung des Lehrganges ankommen. Die Kasernenräume sind fertig gestellt und komfortabel eingerichtet. Hoffentlich werden sich die neuen Bewohner des schönen Innstädtchens bald heimisch fühlen.

Lissa-Feier, 23. Juli 1915

Das Kommando der hiesigen Marineschule veranstaltete aus Anlass der Wiederkehr des Jahrestages der Seeschlacht bei Lissa eine Feier. Um 9 Uhr früh marschierten die Mannschaft und die Unteroffiziere zum Festgottesdienst, wo sich bereits das Kommando mit den Offizieren, weiters der hier weilende Generalmajor Herr Hans Hubl, der Oberst Herr Friedrich Edler von Enhuber, viele Beamte und die Gemeindevertretung mit Herrn Bürgermeister Bautenbacher an der Spitze eingefunden hatten. Die Unteroffiziere veranstalteten abends in dem geschmückten Saal des Gasthofes Mayrbräu eine patriotische Feier, die sehr gut besucht war.

Lissa-Feier, *24. Juli 1915*

Die hiesige Marineakademie beging am Dienstag die siegreiche Seeschlacht bei Lissa in feierlicher Weise. Um 9 Uhr fand in der Stadtpfarrkirche ein Festgottesdienst statt, an dem außer den Marineschülern mit den Herren Marineoffizieren und Beamten, seine Exzellenz Herr k. u. k. Generalmajor Hans Hubl, Herr Oberst Friedrich Edler von Enhuber, Herr k. u. k. Bezirkhauptmann Jenak und Herr Bürgermeister Bautenbacher sowie viele Bewohner der Stadt teilnahmen. Abends hatte die Mannschaft im Gasthof Mayrbräu ein Festmahl, bei dem der Männergesangsverein „Lyra" konzertierte.

Von der k. u. k Marineakademie, *6. August 1915*

Am 31. Juli und am 1. August kamen die letzten Schüler der hiesigen k. u. k Marineakademie, welche nun ihre Ferien beendet haben, hier an. Einige Schüler waren von Eltern und Geschwistern begleitet. An der Innlände schaukeln sich schon die kleinen Boote und Braunau bietet jetzt ein ungewohntes Bild, an das sich die Bevölkerung jedoch bald gewöhnt haben wird.

Unterrichtsbeginn an der k. u. k Marineakademie, *7. August 1915*

Bis zum 1. August sind ungefähr zwei Drittel der Hörer an der aus Fiume hierher verlegten k. u. k. Marineakademie eingetrof-

fen und am Montag wurde mit dem Unterricht begonnen. Aus diesem Anlass zelebrierte am Sonntag, dem 1. August, 9 Uhr der hochwürdige Herr Marinepfarrer Dr. Desider von Petrasowich in der Spitalkirche eine Heilige Messe, an welcher außer den Hörern auch Herr Oberst Linienschiffskapitän Anton Edler von Triulzi und mehrere Herren Professoren teilnahmen. Künftig wird daselbst jeden Sonntag 9 Uhr der Schulgottesdienst abgehalten werden. Nun herrscht wieder reges Leben in den würdig restaurierten Kasernen „am Berge" und erschallen alltäglich muntere Lieder aus frischen Studentenkehlen. In der Innlände schaukeln sich freundlich einladend die kleinen Marineboote, welche zu Übungszwecken dienen sollen. Möge es den Gästen recht wohl ergehen in unserem schönen Innstädtchen.

***Aufnahmsprüfung bei der k. u. k. Marineakademie**, 4. September 1915*

Seit einigen Tagen weilen ungefähr 100 Marineaspiranten hier, die bei der hiesigen k. u. k. Marineakademie ihre Aufnahmsprüfung ablegen, um in dieselbe eintreten zu können. Der Großteil derselben sind Söhne hoher Offiziere und viele von ihnen sind von Familienangehörigen begleitet. Die Prüfung dauert bis zum 9. September. Es sind dabei ungefähr 30 Marine- und Heeresoffiziere anwesend.

***Von der k. u. k. Marineakademie**, 18. September 1915*

Am Donnerstag, den 16. September, fand zu Beginn des neuen Jahrganges in der hiesigen Spitalkirche um 9 Uhr für die k. u. k. Marineakademie ein feierlicher Gottesdienst statt, dem alle Mannschaften, die Offiziere und das Professorenkollegium beiwohnten. Der Marinegottesdienst ist auch von der Braunauer Bevölkerung jedes Mal sehr zahlreich besucht. Die Aufnahmsprüfung für den ersten Jahrgang der k. u. k. Marineakademie hat seit Anfang dieser Woche hier stattgefunden. Aus diesem Anlass hatten sich eine größere Anzahl Studenten mit ihren Eltern eingefunden. Unter anderem weilten Herr Nikolaus Graf Revertera, k. u. k. Kämmerer und Legationsrat a. D. samt Gemahlin hier, weil auch deren Sohn sich der Aufnahmsprüfung unterzog. Die meisten Studenten sind Söhne höherer Offiziere oder Beamten. Am 16. September fand die Schlussprüfung statt.

***Nikolofeier der k. u. k. Marineakademie**, 11. Dezember 1915*

Die Zöglinge des dritten Jahrganges veranstalteten am Montag, den 6. Dezember um 7 Uhr 15 abends im Finksaal zugunsten des Witwen- und Waisenfonds einen musikalischdeklamatorischen Abend, zu welchem die geladenen Gäste zahlreich erschienen. Die Darbietungen fanden ungeteiltes Lob. Das Reinerträgnis betrug 1000 Kronen.

Beeidigung, 17. Dezember 1915

In der Turnhalle der Zeugstätte fand am 8. Dezember die Eidesleistung der k. u. k. Marineakademiker statt, der Herr k. u. k. Konteradmiral von Triulzi mit den Herren Professoren, Ingenieuren und Offizieren der Marineakademie sowie Herr k. u. k. Bezirkshauptmann Jenak, Herr Bürgermeister Bautenbacher und Herr Geistlicher Rat Stadtpfarrer Ignaz Probst nebst vielen Honoratioren beiwohnten. Nach der Eidesleistung fand eine Defilierung (Ehrenbezeigung) auf der Ringstraße statt. Zu diesem militärischen Akt ist die hier weilende Regimentsmusik der Landesschützen ausgerückt.

Kriegsfürsorge, 17. Dezember 1915

Die Marineakademiker des dritten Jahrganges veranstalteten am 6. Dezember abends einen deklamatorisch-musikalischen Abend in den Finksälen zugunsten der Kriegsfürsorge. Zu denselben erschienen die Spitzen der hiesigen Behörden, die Offiziere der Lagerwache sowie die Herren der Marineakademie mit ihren Gemahlinnen und mehrere Beamte. Der Abend erzielte einen guten Erfolg, sodass der Kriegsfürsorge ein nennenswerter Betrag durch diese Veranstaltung zufließt.

Zur Übersiedelung der Marineakademie nach St. Wolfgang,
22. Dezember 1915

Zur Übersiedelung der Marineakademie nach St. Wolfgang schreibt man uns: Die Marineakademie musste mit Ausbruch des Krieges gegen Italien verlegt werden. Es wurde als neuer Stationsort für die Marineakademiker Braunau am Inn gewählt, aber nach kurzem Dortsein erwies sich, dass der Inn für die notwendigen Übungen kein geeigneter Fluss ist. Wie durch die Blätter bekannt wurde, wird die Marineakademie nun mehr nach St. Wolfgang verlegt werden.

Es dürfte gewiss recht viele Gmundner interessieren, zu erfahren, dass diese Marineakademie mehr als gerne den großen Gmundner See zu ihren Übungen bekommen hätte. Es handelte sich nur um die Unterbringung der Akademiker in ein genügend großes Heim. Es wurden Unterhandlungen gepflogen mit dem Kuratorium des Hubertusheimes, die, wie der Erfolg nun lehrt, nicht zu einem Übereinkommen führten. Hindernd war wohl die Belegung des Schlosses Ort mit Verwundeten oder vielleicht auch die Befürchtung, dass es nicht genügend rasch geleert werden kann, wenn die Besetzung des Hubertusheimes mit den eigentlichen Bewohnern, den Forstzöglingen, erfolgen soll. Das Hubertusheim hatte aber das besondere Gefallen der maßgebenden Faktoren gefunden und es wäre sehr gerne für die Marineakademiker belegt worden. Das wunderschön besonders für Erziehungszwecke ausgestattete Heim wäre auch für die Zöglinge sehr geeignet gewesen.

Abbildung 2. „Ferienhort St. Wolfgang“, Archiv Manfred Rachbauer

Schulgottesdienst der Marineakademie, 29. Jänner 1916

Die Besucher desselben aus dem Zivilstand werden gebeten, sämtliche Stühle des Kirchenschiffes für die Akademie frei zu lassen und lediglich die Plätze unter und auf der Empore zu besetzen. Der Musikchor bleibt der Akademie reserviert. Ebenso der Haupteingang, sodass für Zivil nur die beiden Seiten-

17

eingänge offen stehen und die beiden Seitenstiegen zur Empore von der Kirche aus benutzbar sind.

Von der Marineakademie, 1. Februar 1916

Die in den Kasernen untergebrachte Marineakademie hat mit der Schwierigkeit zu kämpfen, dass praktische Übungen am Inn nicht abgehalten werden können. Es war daher das Trachten des Kommandos, einen Ort an einem See zu finden, wo auch diese Übungen stattfinden können. Dieser Ort dürfte St. Wolfgang sein. Es wäre das neu erbaute, unterhalb des Schafberges herrlich gelegene Gebäude des Ferienhortes dazu bestimmt. Dem Vernehmen nach werden allerdings dort die Übungen durch sechs bis acht Wochen stattfinden. Die Akademie selbst wird jedoch hier in Braunau bleiben.

Geselligkeitsabend der k. u. k. Marineakademie, 12. Februar 1916

Wie wir aus sicherer Quelle erfahren haben, findet der für den 19. Februar angesetzte gesellige Abend des Stabes der k. u. k. Marineakademie infolge der Einquartierung eines Marschbaons des Landesschützenregimentes Nr. 3 am 4. März 1916 statt.

Der Schulgottesdienst der Marineakademie, *19. Februar 1916*

Der Schulgottesdienst der Marineakademie in der hiesigen Spitalkirche wird durch schöne, musikalische Darbietungen immer feierlicher und anziehender. Am letzten Sonntag wurde die deutsche Singmesse von Domkapellmeister Gruber in Linz mit Instrumentalbegleitung sehr würdig und präzise zur Aufführung gebracht. Die Kirchenbesucher waren darüber voll des Lobes. Wir gratulieren dem unermüdlichen Herrn Professor Juvancic und seiner wackeren Schar zu den schönen Gefolgen.

Geselliger Abend der k. u. k. Marineakademie und k. u. k. Seeaspirantenschule, *10. März 1916*

Dieser Abend fand am 4. des Monats im Finksaal statt und war sehr gut besucht. Die Vorträge, Solis und anderes mehr fanden infolge ihrer ausgezeichneten Vorführung großen Beifall. Frisches Leben brachte „Der direkte Schnellzug Braunau-Bagdad mit Karawanenanschluss" hinein. Das bedeutende Reinerträgnis wurde wohltätigen Zwecken der Kriegsfürsorge gewidmet.

Unterhaltungsabend der k. u. k. Marineakademie, 11. März 1916

Wir erhalten folgende Zuschrift: Der von der k. u. k. Marineakademie und Seeaspirantenschule veranstaltete gesellige Abend zugunsten der Kriegsfürsorge am 4. März hat ein Reinerträgnis von 1800 Kronen ergeben. Von diesem Betrag wurden 300 Kronen für das zu errichtende Treuebunddenkmal gewidmet, während 1500 Kronen an das k. u. k. Kriegsministerium, Marinesektion und für Kriegsfürsorgezwecke zur Absendung gelangten. Dieses außergewöhnlich günstige Resultat ist dem opferwilligen Entgegenkommen aller Teilnehmer zu verdanken. Dem Festausschuss gereicht es daher zur besonders angenehmen Pflicht, allen Damen und Herren von Braunau und Umgebung, welche entweder durch ihr persönliches Erscheinen oder im Behinderungsfall durch Einsendung von Geldspenden zum Gelingen des Festes in so überaus liebenswürdiger Weise beitrugen, den aufrichtigen Dank an dieser Stelle auszusprechen.

Von der Marineakademie, 14. April 1916

Die gegenwärtig hier untergebrachte Marineakademie wird in den Sommermonaten in das Ferienheim am Wolfgangsee übersiedeln. Nachdem die Lokalitäten für den Winter in Braunau nicht ausreichend sind, besteht die Absicht, die Marineakademie für den nächsten Winter in Linz unterzubringen. Für diesen Zweck ist die neue Staatsoberrealschule in Aussicht genommen. Da jedoch gegenwärtig die Staatsoberrealschule von der orthopädischen Heilanstalt für Verwundete in Anspruch genommen ist, hängt es von der Möglichkeit einer anderweitigen Unterbringung dieser Heilanstalt ab, ob der Plan einer Unterbringung der Marineakademie in Linz zur Durchführung kommen wird.

Von der Marineakademie, *12. Mai 1916*

Die Marineakademie hat das katholische Gesellenvereinshaus in der Ringstrasse Nr. 17 samt dem Garten auf drei Jahre gemietet. Demnach dürfte die Akademie wohl noch längere Zeit hier bleiben. Die Zimmer werden zumeist als Lehrzimmer verwendet werden.

Dieses katholische Gesellenvereinshaus kaufte im Juli 1918 das hiesige Rote Kreuz um den Preis von 70.000 Kronen (Besitzveränderungen, 5. Juli 1918).

Von der Marineakademie, *9. Juni 1916*

Die Ausmusterung des 3. Jahrganges der k. u. k Marineakademie findet am Mittwoch, den 14. Juni, statt. Die Feier wird auf dem Platze vor dem städtischen Zeughause um 9 Uhr vormit-

tags abgehalten. Bei schlechter Witterung ist selbe in der Spitalkirche.

Von der Marineakademie, *17. Juni 1916*

Mittwoch, den 14. Juni, fand die feierliche Ausmusterung des dritten Jahrganges statt. Unter den Klängen der Schärdinger Militärmusik zogen die Akademiker um 9 Uhr in die Spitalkirche. Im Presbyterium hatten sich General Baron Pakeny, der Stab der Akademie und Admiral Anton Edler von Triulzi an der Spitze und zahlreiche Festgäste eingefunden. Die ersten Stühle besetzten die 54 ausgemusterten Akademiker. Geistlicher Professor Dr. Desider von Petrasovich hielt zunächst eine Ansprache, in welcher er die Einführung der jungen Akademiker in ihren Beruf mit der Feuertaufe der ersten Christen durch den Heiligen Geist verglich. Daran schloss sich die feierliche Heilige Messe. Die Vereidigung wurde im Zeughaus in Gegenwart aller Festgäste vorgenommen. Admiral von Triulzi richtete sodann Worte väterlichen Wohlwollens und flammender Begeisterung an die Gemusterten und nahm den Rapport ab. Die ganze Feier machte trotz ausgesprochenstem Marinewetters einen sehr erhebenden Eindruck. Am Donnerstag begaben sich acht Professoren mit 120 Zöglingen in den Ferienhort nach St. Wolfgang, um dort auf dem See maritime Übungen vorzunehmen.

Von der Marine, *2. September 1916*

Die heurigen Aufnahmen von Zöglingen und Seeaspiranten der hiesigen Marineakademie waren dieses Mal sehr zahlreich.

Von der Marineakademie, *16. September 1916*

Anlässlich der Aufnahmsprüfungen kamen Zöglinge mit ihren Angehörigen aus allen Kronländern hierher.

Von der k. u. k. Marineakademie, *23. September 1916*

Die Aufnahmsprüfungen sind nun beendet worden. Die Studien der drei Jahrgänge haben ebenfalls schon begonnen. Auch die k. u. k. Seeaspirantenschule, die ihre Lehrsäle im katholischen Gesellenvereinshaus aufgeschlagen hat, beschäftigt bereits die neuen Seeaspiranten.

Abgängig, *23. Februar 1917*

Der Marinezögling S. Baumgartner ist von der Marineschule in Braunau entwichen.

Auszeichnung, *31. März 1917*

Am Mittwochvormittag fand beim hiesigen Stationskommando die feierliche Dekorierung des k. u. k. Leutnants vom oberösterreichischen Schützenbaon, Herrn Matthias Fink, Hoteliers, statt. Herr Stations- und Marineakademiekommandant k. u. k. Konteradmiral Anton Edler von Triulzi richtete an den Deko-

rierenden in Anwesenheit des Stabes der Marineakademie,
kernige Worte und heftete ihm sodann das Goldene Verdienst-
kreuz am Bande der Tapferkeitsmedaille mit den Schwertern an
die Brust.

Von der Marineakademie, *7. April 1917*

Man berichtet uns: Linienschiffsleutnant Karl Noc-Schwab
wurde als Lehrer der Nautik an die Marineakademie bestimmt
und rückt am 10. April nach Braunau ein.

Die Frequentanten der hiesigen k. u. k. Seeaspirantenschule,
5. Mai 1917

Die Frequentanten der hiesigen k. u. k. Seeaspirantenschule
haben ihre theoretischen Studien vollendet und werden heute
Abend Braunau verlassen, um in den neuen Bestimmungsorten
die maritime Ausbildung zu genießen.

Von der k. u. k. Marineakademie, *16. Juni 1917*

Am Donnerstag, den 14. September 1917, fand die feierliche
Ausmusterung des dritten Jahrganges statt. Dieses Mal fand
der Festakt am Zeughausplatz statt. Hochwürden Herr Dr. von
Petrasovich, k. u. k. Professor, hielt eine inhaltsvolle formvoll-
endete Ansprache an die Ausgemusterten und zelebrierte hie-
rauf die Heilige Messe. Darauf folgte die Beeidigung der neuen

Seeaspiranten. Herr Konteradmiral Anton Edler von Triulzi richtete sodann markige Worte voll väterlichen Wohlwollens und flammender Begeisterung an die „jungen Kollegen" und nahm dann den Rapport ab. Die ganze Feier war einfach und bescheiden und doch voll erhebenden Eindrucks. Unter den Festgästen konnte man bemerken: Lagerkommandant Herr Generalmajor Resweda, Oberst von Burian, Oberstleutnant Blaha mit mehreren Herren Offizieren, Herr Bezirkshauptmann Jenak, Herr Finanzrat Dr. Reiß, Herr Finanzsekretär Postet, Herr Bürgermeister Bautenbacher, Herr Geistlicher Rat und Stadtpfarrer Probst, sämtliche Herren Professoren, Offiziere der Marineakademie und mehrere Herren Beamte. Am Freitag früh begab sich der erste und zweite Jahrgang mit mehreren Herren Professoren nach St. Wolfgang.

Von der k. u. k. Marineakademie, *28. Juli 1917*

Herr k. u. k. Konteradmiral Anton Edler von Triulzi wird in den nächsten Tagen von seinem Posten als k. u. k. Kommandant scheiden. Aus diesem Anlass wurde demselben für vorzügliche Dienstleistungen das Komturkreuz des Franz Joseph Ordens mit der Kriegsdekoration verliehen. Herrn k. u. k. Oberstleutnant Karl Plunder wurde das Ritterkreuz des Franz Joseph Ordens mit der Kriegsdekoration, Herrn Marineartillerie Ingenieur 1. Klasse Ludwig Szalber das Goldene Verdienstkreuz

mit der Kriegsdekoration und dem Obermaschinenbetriebslei-
ter 2. Klasse Karl Svitak die Kriegsdekoration zum Franz Jo-
seph Orden verliehen. Als Nachfolger wird für den scheiden-
den Marineakademiekommandanten Konteradmiral Anton Ed-
ler von Triulzi der k. u. k. Linienschiffskapitän Arthur Catinelli,
Edler von Obradich-Bevilacqua, bestimmt.

Von der k. u. k. Marineakademie, *4. August 1917*

Die im Juli ausgemusterten Seeaspiranten der hiesigen Mari-
neakademie reisten am Dienstag nach Pola, um dort selbst den
praktischen maritimen Übungen zu obliegen.

Personales, *25. August 1917*

Mitte voriger Woche schied Herr k. u. k. Konteradmiral Anton
Edler von Triulzi in seiner Diensteigenschaft als Marineaka-
demiekommandant, aus welchem Anlass ihm das Komturkreuz
des Franz Joseph Ordens mit der Kriegsdekoration in Aner-
kennung vorzüglichster Dienstleistung verliehen wurde. Kon-
teradmiral von Triulzi trat wieder in den Ruhestand und über-
siedelte zu seiner liebgewordenen Stadt Graz. Mit Herrn Kon-
teradmiral von Triulzi schied ein Mann aus unseren Mauern,
der stets das gute Einvernehmen mit der hiesigen Bevölkerung
gepflegt und gewahrt hat. Die k. u. k. Marineakademie verliert
an ihm einen gerechten Kommandanten und der junge Nach-

wuchs des Marineoffizierskorps einen wohlwollenden Vorgesetzten und väterlichen Beschützer. Zum Kommandanten der k. u. k. Marineakademie wurde Herr k. u. k. Linienschiffskapitän Arthur Catinelli, Edler von Obradich-Bevilacqua.

Von der k. u. k. Marineakademie, *1. September 1917*

Der neue Marineakademiekommandant Herr k. u. k. Linienschiffskapitän Arthur Catinelli, Edler von Obradich-Bevilacqua, hat für seine Leistungen vor dem Feind als eingeschiffter Stabschef einer schweren Division den Eisernen Kronenorden 3. Klasse mit der Kriegsdekoration und Schwertern sowie das Karl Truppenkreuz als kaiserliche Auszeichnung erhalten. Gegenwärtig finden die ärztlichen Überprüfungen der zukünftigen Frequentanten der k. u. k. Seeaspirantenschule statt.

Schmückung der Soldatengräber, *3. November 1917*

Am Allerheiligentage hat Herr Stationskommandant k. u. k. Linienschiffskapitän Arthur Catinelli, Edler von Obradich-Bevilacqua, Marineakademiekommandant, mit mehreren Herren des Stabes der Marineakademie sowie in Begleitung des Herrn k. u. k. Bezirkshauptmannes Franz Jenak am hiesigen Friedhof im stillen, ehrenden Gedenken auf den schön geschmückten Heldengräbern Kränze niedergelegt.

Von der k. u. k. Marineakademie, 15. Juni 1918

Am Donnerstag ist der frühere Akademiekommandant, Herr k. u. k. Konteradmiral Anton Edler von Triulzi, hier angekommen. Freitag, den 14. Juni, fand in der Spitalkirche der feierliche Dankgottesdienst anlässlich des Jahresschlusses statt. Demselben wohnte außer den Zöglingen auch der Professorenstab mit den beiden Konteradmiralen von Triulzi und von Catinelli bei. Die Zöglinge des ersten und zweiten Jahrganges begeben sich am Samstag früh über Salzburg nach St Wolfgang in das Ferienheim. Der dritte Jahrgang feiert am Samstag seine Musterung und bei günstiger Witterung findet im Garten der Seeaspirantenschule eine Feldmesse statt. Bei ungünstiger Witterung ist um 10 Uhr in der Spitalkirche der Festgottesdienst. Die Ausgemusterten gehen am 15. September nachmittags auf Urlaub. Am Mittwoch fand im Lachforst ein Preisschießen statt. Das Schießen leitete Herr Hauptmann Dolschak. Die Musik stellte der dritte Jahrgang.

Musterung bei der k. u. k. Marineakademie in Braunau, 19. Juni 1918

Von dort wird uns geschrieben: Am Samstag, den 15. Juni, fand in der hiesigen k. u. k. Marineakademie die Musterung des dritten Jahrganges statt. Zu dieser Feier war der frühere

Akademiekommandant Herr k. u. k. Konteradmiral Edler von Triulzi und Herr Konteradmiral von Catinelli, die Herren Professoren und viele andere Persönlichkeiten erschienen. Im Garten der Seeaspirantenschule an der Ringstraße wurde die Feldmesse abgehalten, bei der die Musikkapelle des ersten Kaiserschützenregimentes aus Wels den musikalischen Teil besorgte. Nach feierlichen Ansprachen erfolgte die Musterung. Am Vortag wurde in der hiesigen Spitalkirche der feierliche Dankgottesdienst anlässlich des Jahresschlusses abgehalten, welchem auch die beiden Konteradmirale mit den Herren Professoren beiwohnten. Samstag früh reisten die Zöglinge des ersten und zweiten Jahrganges nach St. Wolfgang in das Ferienheim ab.

Musterung bei der k u. k. Marineakademie, *22. Juni 1918*

Samstag, den 15. Juni fand bei der hiesigen Marineakademie die Musterung des Jahrganges statt. Zu dieser Feier war der frühere Marineakademiekommandant Konteradmiral Edler von Triulzi erschienen. An der Feier nahmen auch Feldmarschallleutnant von Hauninger, Marineakademiekommandant Arthur Catinelli von Obradich-Bevilacqua, der Professorenstab, die Offiziere und viele andere Persönlichkeiten teil. Im Garten der Seeaspirantenschule wurde die Feldmesse abgehalten, bei der die Musikkapelle des Schützenregimentes aus Schärding spiel-

te. Es wurden feierliche Ansprachen gehalten, worauf die Eidesleistung sowie die Meldung und Beglückwünschung erfolgte.

Veränderung in der Leitung der hiesigen Marineakademie, 12. Juli 1918

Konteradmiral Arthur Catinelli, Edler von Obradich-Bevilacqua, Kommandant der hiesigen Marineakademie, wurde Seebezirks-Kommandant in Albanien. Der Kommandant der Marineakademie in Braunau wird seine Exzellenz Herr Vizeadmiral Josef Rodler von Roithberg.

Auszeichnungen, 10. August 1918

Bei der k. u. k. Marineakademie wurden mit dem Ritterkreuz des Franz Joseph Ordens mit der Kriegsdekoration die Herren Marineakademieprofessoren: Franz Bajda, Dr. Michael Kombol und Gustav Lassmann; mit der neuerlichen allerhöchsten belobenden Anerkennung (Signum Laudis in Silber), Herr Linienschiffsleutnant der Reserve Heinrich Ritter von Gatterer und mit der allerhöchsten belobenden Anerkennung (Signum Laudis in Bronze), Herr Marineoberkommissär Stephan Dumic, ausgezeichnet.

Beförderung, *24. August 1918*

Herr k. u. k. Fregattenkapitän Stummer, Kommandant der Seeaspirantenschule, wurde zum k. u. k. Linienschiffskapitän befördert. Für den erkrankten Marineakademiekommandanten k. u. k. Vizeadmiral Josef Rodler von Roithberg übernahm k. u. k. Linienschiffskapitän Stummer vorübergehend das Marineakademiekommando.

Beförderung, *30. August 1918*

Der Kommandant der Seeaspirantenschule bei der k. u. k. Marineakademie, k. u. k. Fregattenkapitän Stummer, wurde zum k. u. k. Linienschiffskapitän befördert.

Schweinepest, *11. Oktober 1918*

Die hier seit Kriegsbeginn untergebrachte Marineakademie betreibt in der Ortschaft Haiden in unmittelbarer Nähe der Stadt eine Schweinezucht. Unter den Schweinen, deren Pflege Russen anvertraut war, ist nun plötzlich die Schweinepest ausgebrochen. Alle Schweine, vom Spanferkel angefangen bis zum Schlachtschwein, mussten sofort geschlachtet werden. Es mussten diesbezüglich 40 Schweine getötet werden. Der Schaden beträgt nahezu 30.000 Kronen.

Abbildung 3. „*Salzburger Vorstadt*", *Sammlung Walter Obersberger*

Der „abfahrende" Oberkommissär der Marineakademie, 8. November 1918

Am 2. November trug sich hier wegen des Oberkommissärs Stephan Dumic der k. u. k. Marineakademie, der unserer neuen Staatsregierung einen Streich spielen wollte, ein Aufsehen erregender Auflauf zu. Nachdem die Marineakademie aufgelöst und die meisten Zöglinge, Professoren und andere abgereist waren, packte der Kommissär alles Wertvolle in Kisten zusammen und wollte am 2. November früh mit den Waren und dem Gelde per Automobil „abfahren". Sein Gebaren wurde wahrgenommen und bevor er die Flucht vollziehen konnte, wurde Dumic ergriffen und in Gewahrsam genommen. Es wurde alles mit Beschlag belegt. Man nahm nun eine Durchsuchung der Magazine vor und fand große Mengen von Mehl, Zucker und anderen Lebensmitteln, welche einen Wert von nahezu einer halben Million repräsentierten. Geschlachtete Schweine waren in Kisten verpackt und lagen zum Fortschaffen bereit. Die Kaserne wurde auf Anordnung des Bürgermeisters von Kaiserschützen bewacht, damit nichts mehr fortgebracht werden konnte. Wie die Matrosen aussagen, hat der Kommissär den Mannschaften ihre Löhnungen nur mehr in kleinen Teilen ausgezahlt. Den Schülern ließ er die letzteren Tage ihre Rationen kürzen und zur Abfahrt in die Heimat gab er ihnen nur ein Stück Brot und ein paar Äpfel mit. Sonst herrscht in unserer Stadt die vollste Ordnung und Ruhe und vollzieht sich der Übergang in die neue Staatsverwaltung anstandslos.

Die Auflösung der k. u. k. Marineakademie, *9. November 1918*

In die gegenwärtige Umwälzung wurde auch die seit drei Jahren hier stationierte Marineakademie hineingezogen. Schon am 1. November begaben sich die Zöglinge in ihre Heimat, denen sich in den folgenden Tagen der Rest anschloss. Das Chaos wurde vergrößert durch das bestellte Automobil, welches zeitlich früh bei der Marineakademie gestellt war. Herr Oberkommissär Stephan Dumic wollte in der Nacht vom 1. auf den 2. November verschiedene Gegenstände, wie Bekleidungs- und Ausrüstungsgegenstände in Sicherheit bringen und nach Mattighofen überführen. Die ganze Nacht wurde gepackt, doch wurde das Vorhaben von den anwesenden Matrosen bemerkt, die auch den Abtransport verhinderten. Die tagsüber hier ankommenden Kaiserschützen, welche aus Laibach von den Südslawen beraubt, hier ankamen, besetzten hierauf die Akademie und bewachten alle Ausgänge. Gleichzeitig wurde eine Revision vorgenommen und die Monturen verteilt. Der Wert der Bekleidungsgegenstände sowie der Lebensmittel und Lehrgegenstände wird auf über eine halbe Million Kronen geschätzt.

Von der k .u. k. Marineakademie, *14. November 1918*

Nachdem in verschiedenen Blättern von der Auflösung der Marineakademie die Sprache war, und insbesondere über den flüchtenden Marineoberkommissär Dumic, muss hiermit Folgendes zur Steuer der Wahrheit zur öffentlichen Mitteilung gebracht werden: Der genannte Oberkommissär wollte wegen Auflassung der Marineakademie seine Privateffekten auswärts deponieren. Von einer Flucht ist keine Rede. Die Magazine waren intakt. Schon der Leser dieser Zeilen muss verstehen, dass man mit einem Auto nicht hunderte von Tonnen fortschleppen kann. Die Löhnungen sind pünktlich und voll ausbezahlt worden. Die Schüler erhielten reichlich Proviant und Kleider mit. Das Marineakademiekommando hat sofort nach dem Vorfall Abgesandte des Staatsrates erbeten, welche seit mehreren Tagen die Rechnungsführung des in Rede stehenden prüfen und eine einwandfreie Gebahrung konstatierten. Die Kaserne wurde und wird von den Kaiserschützen bewacht, weil das Marineakademiekommando über keine Mannschaftspersonen verfügt. Der Oberkommissär hatte außer den Privateffekten auch ärarische Bekleidungssorten, in Unkenntnis der bereits mit der Gemeinde über die Versorgung des Stabes mit solchen Sorten getroffenen Abmachungen, mit dem Auto in Sicherheit bringen wollen, weil er besorgt war, dass ansonsten

der Stab der Marineakademie in seiner Gebühr an Beklei-
dungssorten verkürzt werden könnte. Heute, Montag, plünder-
ten Soldaten und Heimkehrer aus dem Innviertel das
Monturmagazin und entwendeten sämtliche Stoffe und Schuhe.

Der Sturm auf das Monturmagazin der Marineakademie,
16. November 1918

Durch die Umwälzung und die Übergabe der Flotte musste
auch die hiesige Marineakademie leiden. Die verschiedenen
Telegramme von Wien und die unwahren Gerüchte darüber
erhöhten natürlich die Erregung in der Bevölkerung. Noch
dazu kamen die Kaiserschützen aus Laibach hier an, welche,
wie sie angaben, all ihrer Habe von den Südslawen beraubt
wurden. Die Kaiserschützen betrachteten anfangs die Marine-
akademie als ein „kroatisches Institut" und infolge dessen
wurde ein Gegendruck ausgeübt. Das Monturmagazin wurde in
Beschlag genommen und die Kaserne besetzt. Die Offiziere
sowie auch die Mannschaft erhielten Stoffe und Bekleidungs-
gegenstände aus dem Monturmagazin. Dies sah natürlich die
Bevölkerung von Braunau, die auch von der Übersiedelung her
wusste, wie viel Ware dort aufgespeichert war. Wie ein Lauf-
feuer ging's in der Stadt herum, dass Stoffe und Bekleidungs-
gegenstände ausgegeben werden. Krieger, Invalide und sonsti-
ge Neugierige sammelten sich bei der Kaserne und forderten

energisch die Verteilung. Ein Komitee, welches sich sofort aus allen Ständen von Braunau zusammensetzte, nahm sich des Monturmagazins an und verhinderte hiermit, dass Militärpersonen die Verteilung vornahmen. Die Mitglieder dieses Komitees versicherten den angesammelten Kriegern, dass eine gerechte Verteilung folgen werde und nur bedürftige Krieger in Betracht kommen könnten. Einige Krieger wurden hierauf beteilt. Zur Überprüfung über die Bedarfsnotwendigkeit wurden Zetteln ausgegeben. Am Samstag wurde an 120 bis 180 Krieger die Verteilung vorgenommen. Dass diese Ausgabe auch auf das Land hinausgetragen wurde, ist selbstverständlich. Schon Sonntagnachmittags und abends waren ziemlich viele Krieger und Invalide aus den Landgemeinden angekommen. Am Montag früh wurde der Zuzug schon unheimlich. Einige Rädelsführer und bekannte Stänkerer hetzten natürlich auch die anderen auf. Ein Plakat vor dem Magazin, welches bekannt gab, dass die Verteilung vorläufig sistiert sei, zündete noch mehr die Erregtheit. Alle beschwichtigenden Worte halfen nichts, Grobheiten und Tätlichkeiten bekam man zur Antwort. Die Stimmung wurde immer erregter und drohender. Um 9 Uhr wurde mit Gewalt das Magazin aufgebrochen und beraubt. Unglaublich roh gebärdeten sich manche Bauernburschen mit dem Messer und Bajonett in der Hand. Man wusste wahrlich nicht, sind das unsere Leute? Hat denn der Krieg so grässlich eingewirkt, dass sie im eigenen Lande plündern müssen? Mit gezücktem Messer gingen sie auf einige Mitglieder der Bürgerwehr los. Jede Gegenaktion war von vorneherein gegen die erregte Menge erfolglos. Dass sich auch besser situierte Bauernsöhne und andere Personen daran beteiligten, musste tatsächlich festgestellt werden. Ganze Rollen und Stoffe und ganze Ballen Leinen wurden davon geschleppt. Durch diese Gewalttätigkeit wurden Hunderte von bedürftigen Invaliden und Heimkehrer geschädigt. Die Gemeinde, sowie das aufgestellte Komitee in Verbindung mit der Invalidenfürsorge wollten nur die gerechte Aufteilung der Sachen. Durch die bekannten Stänkerer wurde der humanitäre Zweck eitel zerstört. Doch viele Plünderer werden in nächster Zeit ans Tageslicht kommen und einer gerechten Bestrafung zugeführt. Sache der Gemeinden ist es jetzt, dass diejenigen Unbedürftigen die geraubten Sachen an die wirklich Bedürftigen abgeben. Am ganzen Montag waren die Geschäfte gesperrt und so etwas musste in Braunau geschehen. Vorige Woche war man stets in Besorgnis wegen des Kriegsgefangenenlagers und die Tatsache zeigt aber ganz etwas anderes. So hat der Krieg in unsere Leute eingewirkt. Eine traurige Erscheinung!

Aufruf!, *24. Januar 1920*

Nachdem sich die ehemalige Marineakademie von Braunau am Inn in Liquidierung befindet, werden sämtliche Parteien in und außerhalb des Bezirkes Braunau am Inn, welche seinerzeit Sachgüter der Marineakademie, seien es auf legalem oder illegalem Weg, in Verwahrung genommen haben, aufgefordert, der Treuhandstelle für die Liquidierung der Marineakademie alle jene in ihrem Besitze befindlichen Sachgüter, sei es Einrichtungsgegenstände, Bettensorten, Tuch, Leinen oder was immer für Namen habende Sachgüter bekannt zu geben. Es wird kund getan, dass alle jene Parteien, welche bis Ende Februar 1920 den Besitz solcher Sachdemobilisierungsgüter freiwillig anzeigen, dieselben ohne jede weitere Ahndung zum Schätzpreis käuflich erwerben können, während jene, welche diese Sachgüter verheimlichen und den rechtmäßigen Besitz nicht erwerben, strafgerichtlich verfolgt werden.

Zwei Klinkerboote und zwar ein kleineres und ein größeres werden zum Schätzpreise verkauft bei der Treuhandstelle der ehemaligen Marineakademie Braunau am Inn.

Letzter Gruß an die im Jänner 1880 entschwebte Innbrücke

Im Dezember 1879 herrschte in Braunau am Inn klirrende Kälte. Das Thermometer zeigte mehrmals Minus 24 Grad Celsius an. Zum Jahreswechsel stieg die Temperatur infolge des eintretenden Föhns in kurzer Zeit auf plus 6 Grad Celsius. Mit dem Temperaturanstieg begann auch eine Schlechtwetterphase mit anhaltendem Dauerregen. Auf der unebenen Oberfläche des gänzlich zugefrorenen Inns sammelte sich das warme Regenwasser zu großen Tümpeln. Durch die schnelle Erwärmung zerbrachen die festgefrorenen Eisplatten und lösten sich in unzählige kleinere Eisbrocken auf.

Am Freitag, den 2. Jänner 1880, um 9 Uhr vormittags wurde das Brückentor aus Sicherheitsgründen gesperrt. Der Wasserstand hatte inzwischen eine Höhe von vier Metern über Null erreicht und die Oberfläche des zugefrorenen Flusses begann oberhalb der Holzbrücke immer weiter aufzubrechen. An der noch intakten Eisdecke kam es durch die Fließgeschwindigkeit des Wassers zu einem Rückstau der Eisbrocken und es entstand ein so genannter Eisstoß, der sich schnell mehrere Meter hoch auftürmte. Es war 10 Uhr 45 als durch den massiven Wasserdruck die gesamte Eismasse in Bewegung geriet und fast schon ein kleiner Eisberg auf die Innbrücke zukam. Um 11 Uhr vormittags war es dann soweit. Der mittlere Teil der Braunau-Simbacher Innbrücke wurde unter lautem Krachen und Splittern von den Eismassen regelrecht mitgerissen.

Abbildung 4. *„Brücke nach dem Eisstoß", Sammlung Walter Obersberger*

Über diesen Unglücksfall wurden zwei Gedichte in Braunau am Inn veröffentlicht. „Letzter Gruß an die am 2. Jänner 1880 entschwebte Simbach-Braunauer Innbrücke" vom Verlag des Wanderervereins Simbach und „Der Brücken-Einsturz infolge des Eisstoßes am 2. Jänner 1880 zwischen Braunau und Simbach" von Weidinger`s Buchdruckerei in Braunau.

Der Brücken-Einsturz infolge des Eisstoßes am 2. Jänner 1880
zwischen Braunau und Simbach

Meine Herren merkts nur auf
I bring eng heut' a Gedicht,
Zu an ewig'n Andenken
An die grauenvolle G'schicht.

Drum bitt' ma um an Pardon
Und um a kloas weng a Ruah'
Wir leg'n heut aus den Jahr'swechs'l
Weil ma Zeit hab'n dazua.

Zum „Neu'n Jahr" meine Herrn
Wünsch' eng recht viel Glück,
Jetzt schaun ma nach, was in Braunau
Und in Simbach neu's gibt.

Die siebz'ger Jahr sind verlass'n
Das achtz'ger Jahr fangt sö an,
Und was a neu's Jahr all's bringt
Da denkat oft koa Mensch dran.

Und zwischen Braunau und Simbach
Is dö Brück'n eing'stürzt,
Und wie's halt da is zuaganga
Dös zergliedern ma iatzt.

Bei dera grimmig'n Kält'n
Hat sich der Eisstoß vermehrt,
Auf und auf bis nach Innsbruck
Hat ma's allgemein g'hört.

Seit dem Jahr neunundzwanzig
Hat's schon das nimmer geb'n,
Das in unserer Gegend
A so a Eisstoß wa g'wen.

Schon vor dem neu'n Jahr
Do seh'n die Herrn schon dö G'fahr,
Wann der Eisstoß ankimmt
Das koa guat's End' nöt nimmt.

Drum sand dö Behörden von Braunau
Und von Simbach gleich g'fasst,
Sö toan sö sogleich besprecha
Was sich da macha lasst.

Schon am Sonntag zuvor
Zieh'ns Erkundigungen ein,
Wias in Salzburg und Innsbruck
Mit da Witterung tuat sein.

Und auf die Joch hab'ns die größt'n
Hauf'n Stoana aufg'richt,
Dass koa Mensch gar nöt glaubat
Dass so weit kam dö G'schicht.

Der erst' Jänner meine Herrn
Der hat sö ganz guat bewährt,
Aber den zweiten in da Fruah
Da hat ma allerhand scho g'hört.

Das Telegramm von Burghausen

Hat uns die Neuigkeit bracht,

Dass öana Bruck hat zertrümmert

Punkt um zwoa bei da Nacht.

Und um neun Uhr Vormittag

Da wird das Brückentor g'sperrt,

Weil der Wasserstand und G'fahr

Scho aller weil größer wird.

D'Leut dö steh'n auf beiden Ufern

D'Frauen ringen die Händ',

Und alles wart mit größter Spannung

Auf den schrecklichen Moment.

Zwischen dö zwoa mittleren Grenzjoch

Hab'n sö d'Eisscholl'n versetzt,

Aber drunterhalb da Bruck

Da is dö Eisdeck no fest.

Und hernach um halb Elfe
Zoagt sich's Bild nimma schön
Da tuat das Eis volei brecha
Und schön langsam weg gehn.

Und um dreiviertel auf Elfe
Seh'n ma schon das Maleur,
Drober der Bruck schwimmt
A förmlicher Eisberg daher.

S'ganze Eis kimmt in Bewegung
Alles lauert und späht,
Koa anderes Mittel gibt's nimma
Als dass Bruck gehn z'Grund geht.

Steht kaum an fünf Minut'n
Hat's schon was anders abgeb'n,
Da hat's schon ang'fangt zum Kracha
Dass is was schauerlichs g'wönn.

Sie nimmt jetzt Abschied von da Stadt
Das große Riesengebäu',
Bis ma wieda oanö krieg'n
Da dauert's schon no a Wei.

Und oa Joch nach dem andern
Sagt der Stadt Lebewohl,
Solche Denkwürdigkeiten
Sieht ma nöt allemal.

Drunter der Eisenbahn-Bruck
Da schaut's ja no a Zeit z'ruck,
Bis um a sechse auf d'Nacht
Als wenn ihr load wa um d'Stadt.

Und dann um sechse auf d'Nacht
Wird's neuerdings wieder schier,
Unter Donner und Kracha
Is erst abzog'n von hier.

Die Passage is unterbroch'n
So schnell hat's koa Mensch denkt,
Jetzt können wir zamschau'n von weit'n
A so verändern sich die Zeit'n.

Unsere Bräuer und Wirt
Dö hams ja glei a wenig g'spürt,
Dass örna G'schäft schlechter steht
Und soviel Bier nöt weg geht.

Und dö Braunauer Bäcker
Klag'n sö a wie nöt g'scheit,
Sö können s'Brot nöt anbringa
Mir erbarmens dö Leut.

Aber dö Simbacher geht's scho no
Viel besser z'Herz'n,
Denn das Österreicher Bier
Das können's nöt verschmerz'n.

Und dö Simbacher Kramma
Sand jetzt a, a wenig hint,
Seit koa Österreicher nimma
Um an Schnupf-Tabak kimmt.

Leutl'n toats eng no tröst'n
Und toats nöt glei verzag'n,
Es wir ja all'mal wieder anders
Nur Geduld muss man hab'n.

Und der an Schnupf-Tabak hab'n muss
Und der s'Bier nöt kann grat'n,
Der kann ja einstweil'n auf'n Wasser
Und auf da Eisenbahn fahr'n

Und was Braunau seit sechs Jahr'n
Schon all's ausg'stand'n hat,
Da gibt's in ganz'n Oberösterreich
Koa anzige Stadt.

Und dö Tanz dö homma g'sunga
Und für Braunauer hom mas dicht,
Damit's ein Angedenka ham
Wann es sö ereignt hat dö G'schicht.

Abbildung 5. „ *Innbrücke im Jahre 1857*", *Sammlung Walter Obersberger*

Dezember 1831 – keine „Stille Nacht" in der Palmstrasse

Im Jahre 1830 versetzte die asiatische Cholera beinahe ganz Europa in Angst und Schrecken. An den Toren der Stadt Braunau erfolgten strenge Kontrollen und auch am Übergang der Innbrücke wurden ausgedehnte Vorsichtmaßnahmen getroffen.

Zu dieser Zeit weilte auch das 1500 Mann starke Bataillon des Regimentes Baron Fürstenwärter unter dem Kommandanten Major Täuber in Braunau am Inn. Da nicht alle in den Kasernen Platz fanden, wurden Teile der Mannschaft in Privathäusern einquartiert.

Feldwebel Webenau war es, der Ende des Jahres 1830 zum Tuchmachermeister, Herrn Bartholomäus Fichtner, in der Ringelgasse Nr. 149 (jetzt Palmstraße Nr. 19) in das Quartier kam. Diese Einquartierung kam ihm sehr gelegen, denn als Intrigant ersten Ranges hatte er in kürzester Zeit das Vertrauen Fichtners errungen. Dieses Vertrauen ging so weit, dass Webenau auch nach der Ausquartierung seine täglichen Visiten fortsetzte.

Webenau war manipulierender Feldwebel, daher war es ihm ein leichtes, die Mannschaft seiner Kompanie davon zu überzeugen, Tucheinkäufe für Gamaschen und Ähnliches bei Herrn Fichtner zu tätigen. Durch dieses Vorgehen hatte er sich bei

Fichtner so eingeschmeichelt, dass dieser vor ihm keine Geheimnisse mehr hatte. Er vertraute Webenau sogar einmal an, dass er ein paar tausend Gulden in Gold an einem sicheren Ort aufbewahre. Durch gutes Zureden Webenaus, dass Fichtner ja sicher gehen und dieses Geheimnis niemandem anvertrauen sollte, weil er sonst einmal bestohlen werden könnte, erreichte er mit Hinterlist sein Ziel. „Mein Vermögen ist an einem sicheren Ort, denn niemand wird ahnen, dass ich österreichische und holländische Dukaten in meinen Kopfpolster eingenäht habe", erzählte der Tuchmachermeister. Von diesem Zeitpunkt an war der Raubmord an der Fichtnerischen Familie beschlossene Sache. Um auch noch das Versteck des Silbergeldes zu erfahren, brachte Webenau jeden Tag die schönsten Silberzwanziger (zu jener Zeit ein beliebtes Zahlungsmittel) zum Wechseln. Er wusste also bald ganz genau, wohin seine Zwanziger gebracht wurden. So musste Webenau also nur noch einen hinterhältigen Mordplan aushecken. Dazu brauchte er aber einen verlässlichen Gehilfen, dem er sich anvertrauen konnte. Der Zufall spielte ihm einen zweiten Mordgesellen in die Arme. Kadett Lehr, Postmeistersohn von Lemberg, sollte sein Vertrauter und Gehilfe bei dieser grässlichen Tat werden.

Lehr bekam eine monatliche Zulage, die ihm sein Hauptmann des Öfteren vorenthielt. Der Kadett, ein 19-jähriger lebenslustiger Mann, wurde durch die Einbehaltung seiner Zulage immer missmutiger und diese Unzufriedenheit entging dem schlauen Webenau nicht. Er näherte sich Lehr als verständnisvoller Freund und bald war auch der Kadett auf diesen listenreichen Feldwebel hereingefallen. Dennoch benötigte Webenau sechs volle Monate, bis er Lehr so weit hatte, dass dieser ihn bei dem verabscheuungswürdigen Vorhaben unterstützen wollte.

Infolge der Knappheit der vorhandenen Quartiere musste außer der Einquartierung in den Privathäusern auch noch eine Kompanie auf das Land verlegt werden. Da genau Lehrs Kompanie davon betroffen war und dieser von seinem Oberleutnant Berger nur bei seltenen Angelegenheiten nach Braunau gesendet wurde, musste der hinterhältige Mordplan verschoben werden.

Als Lehr am 23. Dezember den Auftrag erhielt, die Pfeife seines Vorgesetzten bei der Wäscherin Maria Falk in Braunau abzuholen, traf er sich mit Webenau in der Lachwaldung bei der so genannten Finkenwiese, um nun endlich den Mordplan vorbereiten zu können. Um jeglichen Zweifel Lehrs aus dem Weg zu räumen, brachte Webenau eine Flasche Arak (Anis-Destillat) mit und beseitigte damit endgültig die letzten Bedenken des Kadetten. Unter fortwährender Freundschaftsversicherung und starkem Genuss von Arak traten die beiden den Weg zur Stadt Braunau an. In der Kaserne angelangt besprachen sie noch das Notwendigste und verabredeten sich abends um 16 Uhr 45 vor dem Haus der Familie Fichtner.

Abbildung 6. *„Palmstraße", Sammlung Walter Obersberger*

Webenau war mit den Sitten und Gebräuchen der Familie Fichtner nur zu gut bekannt. Daher wusste er, dass die Tochter Barbara abends, pünktlich um 5 Uhr, das Bier holen musste und dass sich ihr Sohn Franz um diese Zeit im zweiten Stock in seinem Zimmer aufhielt. Der Plan war es, den alten Fichtner wegen Tucheinkauf in das Gewölbe zu locken und dann jedes Familienmitglied einzeln zu ermorden, damit keiner die anderen warnen könnte und somit jeder Lärm vermieden würde.

Es war 16 Uhr 45 Uhr abends, als die beiden in ihre Mäntel gehüllt an der Hausglocke läuteten, mit dem Vorwand Tuch einkaufen zu wollen. Als Fichtner Webenau erkannte, war er voller Freundlichkeit. Dienstgefällig lief er voran, sperrte die Gewölbetüre auf und betrat mit den beiden den Laden. „Was wünschen Sie, meine Herren, mit was kann ich Ihnen dienen?", fragte Fichtner. „Wir brauchen für die Mannschaft Tuch aus Gamaschen", war die Antwort und Fichtner gab ihnen von der mittleren Stellage eines zum Anschauen. Auf die Äußerung, dass ihnen dies nicht gefalle und sie eine andere Sorte zu sehen wünschen, stieg er auf einen Schemel und wollte ein Stück aus der oberen Stellage nehmen. In diesem Augenblick warf ihm Webenau eine unter dem Mantel verborgene Drahtschlinge um den Hals, riss ihn rückwärts auf die Ladentheke und versetzte ihm mit einem scharf geschliffenen Dolch elf tödliche Wunden.

Während dieser grausigen Mordtat schlug die Uhr fünf, also die bestimmte Stunde, zu der die 40-jährige Tochter Barbara um das Bier gehen musste. Kadett Lehr war aus diesem Grunde bei der Gewölbetür postiert und hatte die Aufgabe, das Losungswort „Jungferl, fallens nicht!" zu rufen, wenn sie die Stiege herunterkommt. Als diese Worte ertönten, sprang Webenau von seinem ersten Opfer weg und mit einem gut geführten Stich ins Herz sank auch die Tochter lautlos nieder. Sechs Stiche auf Herz und Lunge folgten dem ersten und zur größeren Sicherheit wurde auch noch ihre Kehle durchgeschnitten.

Jetzt war die Reihe an dem 11-jährigen Knaben Franz, der sich im zweiten Stock befand. Als sich die beiden Mordgesellen auf den Weg nach oben machten, hörten sie die Hausglocke zum wiederholten Male läuten und die Worte: „Machens auf, wir haben Schweinefleisch von Herrn Gevatter Schifferer auf die Feiertage." Darauf hörten sie den Knaben zum Fenster hinaus rufen: „Ich komme gleich und werde aufmachen." Jetzt war es höchste Zeit auch den dritten Mord auszuführen. Rasch rannten sie über die Stiegen hinauf und zur Tür hinein. Mit einem jämmerlichen Geschrei verkroch sich der Knabe unter zwei im Zimmer stehenden, niederen Betten, von denen er nur mit Mühe herausgezogen werden konnte. Lehr versetzte ihm mit solcher Wucht zwei Dolchstiche in den Unterleib, dass dem armen Kind die Gedärme aus dem Bauch quollen. Während dieses grauenhafte Gemetzel oben vor sich ging, stand die Magd noch immer mit ihrem Fleisch vor der Haustüre. Als der Knabe nicht erschien, ging sie unwillig wieder nach Hause und erzählte dort von diesem seltsamen Vorfall. Herr Schifferer hatte bei der Erzählung seiner Magd zwar Bedenken, begnügte sich aber letztendlich mit dem Gedanken, dass Fichtner die Türe einfach nicht aufmachen wollte. Durch das Läuten an der Haustüre hatten es die beiden Mörder jedoch mit der Angst zu tun bekommen und die Flucht ergriffen, ohne das begehrte Diebesgut erbeutet zu haben. Sie mussten durch die rückwärtigen Gärten fliehen, um ungesehen in das sieben Häuser entfernte Gasthaus „zur goldenen Sonne" (heute Palmstrasse Nr. 5) gelangen zu können.

Der Gärtnermeister August Kaindl arbeitete noch im Glashaus des an Fichtners Haus angrenzenden Apothekergartens, und auch der bedienstete Zimmermann, welcher das Glashaus zu beheizen hatte, war anwesend. Beide waren im Gespräch vertieft, als Herr Kaindl zwei Soldaten über den Zaun steigen und geraden Weges auf sich zukommen sah. Sie stellten ihm die Frage, ob hier nicht ein Weg hinausführe. Auf die verneinende Antwort entfernten sie sich und verschwanden bei der hinter dem Gasthaus „zur goldenen Sonne" befindlichen Kugelstätte (Kegelbahn). Herr Kaindl, dem die Sache seltsam vorkam, bedeckte am nächsten Morgen die in weicher Erde tief eingedrückten Fußtritte der beiden Soldaten, um Beweise zu sichern. Wäre nicht der Zimmermann bei Herrn Kaindl im Garten zugegen gewesen, so wäre er wahrscheinlich das vierte Opfer des schrecklichen Raubmordes geworden. Webenau witterte nicht zu Unrecht Verrat, denn ohne Herrn Kaindl wäre diese schreckliche Tat später schwerlich oder gar nicht zu beweisen gewesen.

Im Gasthaus „zur goldenen Sonne" schmiedeten Webenau und Lehr den Plan, kurz vor Mitternacht wieder in das Fichtnerische Haus einzudringen und dort den vorgehabten Raub doch noch auszuführen. Bis zu diesem vereinbarten Zeitpunkt sollte Webenau feststellen, ob ihr Verbrechen noch unentdeckt geblieben war. Währenddessen musste Kadett Lehr noch den Auftrag seines Vorgesetzten, Oberleutnant Berger, in Ordnung bringen.

Es war 6 Uhr abends als Lehr bei der Wäscherin, Frau Maria Falk, an der Haustüre läutete, um die Pfeife seines Vorgesetzten abzuholen. Frau Falk öffnete die Türe und bat Lehr doch hereinzukommen, was dieser aber mit den Worten zurückwies, dass er heute noch wichtige Geschäfte zu besorgen hätte und deshalb auf gar keinen Fall länger bleiben könnte. Lehr nahm die Pfeife entgegen, verabschiedete sich und eilte hastig davon. Dieses ungewöhnliche Benehmen Lehrs kam Frau Maria Falk sehr seltsam vor.

Der zweite Weg führte Kadett Lehr in das Gasthaus des Herrn Georg Andorfer (heute Stadtplatz 19). Als Lehr in die Gaststube eintrat, wurden Andorfers Hunde unruhig und mussten an den Halsbändern festgehalten werden, damit Lehr das Haus verlassen konnte, ohne gebissen zu werden. Der Wirt war ganz erschrocken über diesen Vorfall und konnte sich die Sache nicht erklären. „Tun meine Hunde doch keiner Menschenseele etwas zuleide und kennen doch den Kadetten Lehr! Was kann also nur die Ursache für dieses Verhalten sein?" Diese Frage wäre leicht zu beantworten gewesen, wenn jemand Ahnung von dem Geschehenen gehabt hätte. Das Menschenblut war es, das die Hunde in der Nase hatten. Denn Lehr hatte seinen Mantel beim Ermorden des Knaben mit Blut befleckt.

Von Andorfers Gasthaus aus begab sich Lehr dann in das Gasthaus „zum Weinfink" (heute Hotel Post) auf dem Hauptplatz, wo er eine Stunde beim Billardspiel verweilte und dann den Rückweg in das Gasthaus „zur goldenen Sonne" antrat. Webenau lag während dieser Zeit auf der Lauer und als sich nichts Verdächtiges ereignete, begab er sich zusammen mit Lehr um 11 Uhr durch die rückwärtigen Gärten zu Fichtners Haus. Als erstes sahen sie nach, ob ihre Opfer auch wirklich tot wären. Die Tochter und ihr Sohn lagen starr und kalt an der Todesstelle. Dies war aber bei dem 74-jährigen Fichtner nicht der Fall, denn der war noch immer am Leben. In einem Wollhaufen, der sich in einer Ecke des Gewölbes befand und in den sie ihn hineingeworfen hatten, röchelte er aus elf tödlichen Wunden blutend. Da wurde dem Meisterstück die Krone aufgesetzt und dem alten Mann mit einem im Gewölbe befindlichen Gewichtstein die Hirnschale eingeschlagen. Jetzt war die grauenhafte Mordtat vollendet, nichts lag ihnen mehr im Weg. In der Gasse war alles ruhig und still, nur der schwere Schritt der Nachtwächter ertönte von Stunde zu Stunde. Aber diese und auch kein anderer des Weges kommender Passant hatte eine Ahnung von dem grauenhaften Geschehen und so konnten die beiden Mordgesellen ihre Arbeit ruhig vollenden. Alle Kästen wurden aufgebrochen und das ganze Silbergeld herausgenommen. Die von Fichtner in den Kopfpolster eingenähten Dukaten schnitten die beiden mit einem Federmesser heraus.

Als der Raub vollbracht war, ging man an die Teilung des Geldes. Dabei gerieten aber beide in einen so heftigen Streit, dass Webenau mit dem Dolch auf Lehr losging und ihn zu ermorden drohte, wenn er nicht mit seinem Anteil zufrieden wäre. Beide konnten sich einigen, die geraubte Beute wurde in einen Sack gefüllt und der Weg zur so genannten Schattenfroh-Wiese angetreten (In der Linzer Straße 13, heute Gasthof Mayrbräu, befand sich früher das Gasthaus zum Schattenfroh). Dort befand sich ein mit Disteln und Brenneseln bewachsener Erdhaufen, auf dem auch ein mehrere Zentner schwerer Nagelstein lag. Unter diesen Stein vergruben die beiden den Sack mit dem Diebesgut, der aber ein paar Tage später durch die Kräutersammlerin Anna Maria Zehntner fast entdeckt worden wäre. Denn die beiden Mörder hatten beim Vergraben des Geldsackes in finsterer Nacht übersehen, dass noch ein Stück Schnur aus der Erde ragte. Die Kräutersammlerin wollte die Schnur aufheben, konnte diese aber nicht unter dem schweren Stein herausziehen und so ging sie wieder weiter.

Abbildung 7. *„Einfahrt zur Palmstraße", Sammlung Walter Obersberger*

Kadett Lehr hatte inzwischen den Rückweg nach Neukirchen angetreten, wo er zu früher Morgenstunde ankam. Als er in das Zimmer seiner Quartiersfrau trat und seinen Mantel ablegte, bemerkte sie Blutflecken, die sich darauf befanden. Als sie auch an Lehrs Schnupftuch Blutflecken bemerkte, rief sie: „Aber Herr Lehr, was ist Ihnen denn geschehen? Sie haben ja geblutet." „Ich habe mir auf dem Nachhauseweg einen Hasen geschossen und denselben in mein Schnupftuch gebunden", redete sich Lehr heraus.

Am nächsten Tag, dem 24. Dezember, der ein Schreckenstag für Braunau werden sollte, wurde das Fichtnerische Haus nicht wie sonst geöffnet. Die Nachbarn waren der Meinung, dass Fichtner wegen der Bettelleute, welche am Heiligen Abend von Haus zu Haus gingen, die Tür nicht aufsperre. Als er um 10 Uhr die Türe noch immer nicht geöffnet hatte und auf alles Rufen und Läuten keine Antwort erfolgte, ging der Nachbar Stefan Schober, Tuchscherer, auf das K. u. K Pfleggericht und erstatte dort Anzeige. Es wurde sogleich eine Kommission bestehend aus fungierenden Pflegegerichtsadjunkten, Edler von Kürsinger, zweier Magistratsräte sowie eines Gerichtsdieners und des Schlossers Patrezini in das Fichtnerische Haus entsendet. Der Schlosser konnte mit all seinen Dietrichen die Haustüre nicht öffnen, da diese von innen verschlossen worden war.

Als man zur rückwärtigen Tür gelangte, sah man, dass diese ebenfalls von innen verriegelt war. Es gab also keinen anderen Weg als den, welchen die Mörder genommen hatten, nämlich auf einen angelegten Balken hinaufzuklettern und die Türe von innen zu öffnen. Der Magistratsrat Salinger, welcher als erster in das Haus gelangte, fiel über die fürchterlich zugerichtete Leiche der Tochter Fichtners und rief erschrocken: „Jesus, Maria und Josef! Hier liegt schon jemand!"

Dann öffnete er die verschlossene Haustüre und kurze Zeit später verbreitete sich die Nachricht über die schreckliche Mordtat in der ganzen Stadt. Der Anblick der Ermordeten war schauerlich. Fichtner lag mit zerschmetterter Hirnschale und von elf Stichen durchbohrt in einem Wollhaufen, die Tochter Barbara wurde bei der letzten Stufe der Stiege gefunden, neben ihr der Krug, mit dem sie das Bier holen wollte. Sieben Stiche und die Kehle durchschnitten, den Kopf auf der letzten Stufe lag sie in einer großen Blutlache. Der Knabe Franz wurde erst nach langem Suchen im zweiten Stock unter dem Bett von zwei Stichen in den Unterleib durchbohrt tot aufgefunden. Schon am Morgen desselben Tages sah man Webenau die Palmstrasse nervös auf und ab gehen, denn er hatte zuhause bemerkt, dass er sein Federmesser am Mordschauplatz liegengelassen hatte. Er wollte sich dieses unbedingt zurückholen, um nicht verraten zu werden. Er war einer der ersten, der sich ins Haus hineindrängte und in größter Eile über die Stiege in den ersten Stock eilte, um mit größter Hast das auf dem Tisch liegende Federmesser einzustecken. Vom ersten Stock begab sich Webenau in den zweiten, hob den auf dem Boden liegenden Knaben in die Höhe und rief mit wehmütiger Stimme: „Du armer Knabe! Zwei Stiche führten Dich Unschuldigen zu Grabe, das sind Tyrannen, die das getan haben!" Ehe die Kommission die Untersuchung der Leichen und die Aufnahme des Protokolls beendet hatte, musste das Haus abgesperrt werden, da sich in kürzester Zeit eine solche Menschenmenge ansammelte, dass man sich kaum noch bewegen konnte.

Der Heilige Weihnachtsabend 1831 war einer der schrecklichsten für Braunau am Inn. Die älteren Leute, welche schon die dreimaligen Einfälle der Franzosen überstanden hatten, konnten sich an kein so schreckliches Gemetzel erinnern. Kein Mensch traute sich abends mehr auf die Gasse und schon um 4 Uhr nachmittags waren alle Haustüren versperrt. Noch am selben Tag wurden 20 verdächtige Personen verhaftet, aber alle mussten wieder frei gelassen werden, da jeder ein Alibi für die Tatzeit hatte. Nach der Obduktion der drei Unglücklichen am Heiligen Weihnachtstag erklärte der dafür zuständige Leichenbeschauer, dass die Schuldigen ihrer Strafe nicht entgehen werden.

Am Stephanitag strömten zahllose Menschen von nah und fern herbei, um den drei unglücklichen Mordopfern die letzte Ehre zu erweisen. Als der Trauerzug die Salzburger Vorstadt erreichte, war Webenau in einem dort befindlichen Bürgerhaus zu Gast. Er stand am Fenster und rief mit wehmütiger Stimme: „Das sind Unmenschen, die das getan haben, aus diesen sollte man Riemen schneiden." Als man auf dem Friedhof angekommen war und die drei Särge in die Gräber hinab gelassen hatte, hielt Hochwürden, Herr Anton Link, eine so ergreifende Grabrede, dass alle Anwesenden in Tränen ausbrachen.

Als die Trauernden den Weg zurück in die Stadt antraten, wurde schon gemunkelt, dass Herr Kaindl zwei Soldaten in Herrn Liegels Garten gesehen habe, und dass Herr Apotheker Liegel bei Gericht und beim Militärkommando Anzeige erstatten werde. Auch Lehrs Quartiersfrau war inzwischen misstrauisch geworden. Die Erzählung vom Hasenschießen, der blutige Mantel und das blutige Schnupftuch gingen ihr nicht mehr aus dem Sinn. Als die fürchterliche Tat auch in Neukirchen bekannt wurde, schöpfte sie den begründeten Verdacht, Lehr könnte einer der beiden Soldaten sein, die im Apothekergarten gesehen worden waren. Denn er hatte sich ja am besagten Tage in

Braunau aufgehalten und war erst am frühen Morgen des 24. Dezembers nach Neukirchen zurückgekehrt.

Am Stephanitag war Lehrs Quartiersfrau auch bei dem Trauerzuge anwesend und als sie wieder nach Hause kam, erzählte sie dem Kadetten von dem besonderen Leichenzug und dass alle Trauergäste bei der Grabpredigt in Tränen ausgebrochen waren. Bei der Erwähnung, dass in Braunau zwei Soldaten im Apothekergarten gesehen worden waren und diese nun im Verdacht stünden, die Tat begangen zu haben, bekam Lehr es mit der Angst zu tun. Seine Quartiersfrau war sich ihrer Sache nun sicher, und ohne ein Wort zu verlieren, ging sie am nächsten Tag zu Herrn Oberleutnant Berger und erzählte ihm die ganze Geschichte. Eine eigene Ordonanz wurde mit dem Bericht des Geschehenen in die Stadt zum Bataillonskommandanten gesendet, welcher den Befehl gab, Lehr habe sich am 27. Dezember um 9 Uhr vormittags beim Bataillonsrapport zu melden. Bei seinem Erscheinen wurde er sofort in Haft genommen und Webenau, der an diesem Tag den Inspektionsdienst versah, musste nun seinem „besten Freund" den Säbel abnehmen und ihn in die Arrestzelle führen. Aber auch für Webenau sollte das letzte Stündchen geschlagen haben. Herr Liegel erstatte nochmals Anzeige bei Gericht und Herr Schiffmeister Michael Fink begab sich persönlich zu Herrn Major Täuber und forderte ihn auf, eine Visitation in der Kaserne durchführen zu lassen. Dabei sollte im Besonderen nach einem Stiefel oder einem Schuh gesucht werden, dessen Abdrücke zu denen passen, die im Garten von Herrn Liegel gefunden worden waren. Daraufhin erging sogleich der Befehl die Kaserne abzuriegeln und jedes Zimmer einzeln zu durchsuchen. Auch das Zimmer von Webenau wurde aufs Genaueste durchsucht und schon nach kurzer Zeit ertönte der Ruf: „Ein halbes Eisen auf einem Stiefel und die gleiche Anzahl Nägel auf dem Vorfuß! Genau wie an den verdeckten Abdrücken in Liegels Garten." Sofort erfolgte die Anzeige an das K. u. K. Pfleggericht und sowohl die militärische als auch die gerichtliche Kommission begab sich in den Apothekergarten. Dort überprüfte man an Ort und Stelle, ob der Stiefel mit den Abdrücken wirklich genau übereinstimmte. Alles passte zusammen und somit war auch der zweite Mörder überführt.

Feldwebel Webenau und auch Kadett Lehr leugneten aber hartnäckig die Tat und wurden deshalb für weitere Erhebungen zum Regiment nach Salzburg überführt. Beim ersten Verhör bestritten die beiden noch immer beharrlich den grausamen Mord. Als aber am nächsten Tag Kadett Lehr mit Stockhieben traktiert wurde, legte er nach dem siebten Streich ein aufrichtiges Geständnis ab. Als Webenau davon erfuhr, knirschte er vor

Wut mit den Zähnen und rief im größten Zorn: „So geht es, wenn man sich einem Buben anvertraut!" Die Untersuchung dauerte vom 1. Jänner bis zum 1. März 1832 und endete mit dem Urteil „Tod durch den Strang" am 17. März desselben Jahres.

Lehr glaubte noch, begnadigt zu werden, weil er ausgesagt hatte, von Webenau gezwungen worden zu sein, den Knaben zu ermorden, und so schlief er die Nacht vor der Hinrichtung so gut, als wenn nichts vorgefallen wäre. Webenau selbst las die ganze Nacht über in einem Buch. Als die beiden Verurteilten um 9 Uhr morgens auf den Hinrichtungsplatz geführt wurden, glaubte Kadett Lehr noch immer an seine Begnadigung. Als sie aber bei der Richtstätte angekommen waren und der Ruf ertönte: „Lehr vor!", wurde er kreidebleich. Halb ohnmächtig stolperte er auf den Galgen zu und völlig phlegmatisch sah Webenau der Arbeit des Henkers zu. Als die Reihe nun an ihm war, ging er lächelnden Schrittes zum Galgen. Auch als ihm der Scharfrichter die Schlinge um den Hals legte, zeigte Webenau nicht einen Funken Reue über seine grausame Tat. Im Gegenteil, er blieb bei seiner lächelnden Miene bis er die Augen für immer schloss. Eine ungeheure Menschenmenge war bei der Hinrichtung zugegen, darunter auch viele Bürger aus Braunau, die nach Salzburg gekommen waren, um das unrühmliche Ende der beiden Mörder mitzuverfolgen.

Abbildung 8. „Friedhofskapelle Braunau/Inn", Foto Manfred Rachbauer

Die Fichtnerische Grabstätte auf dem Braunauer Friedhof kennzeichnete ein eigentümlicher Stein, der aufgrund der gräulichen Mordtat schief gesetzt worden war, um dadurch die

Aufmerksamkeit der Besucher auf sich zu ziehen. Die Grabstätte selbst wurde zwar inzwischen aufgelassen, die Steinplatte aber an der Außenseite der Friedhofskapelle angebracht, um diesem traurigen, historischen Geschehen Rechnung zu tragen.

(Falk, 1931;1932)

Pfürtö Gott und bleib gsund! – Die letzte Hinrichtung in Braunau am Inn

Auf der so genannten Haid bzw. Haiden, zehn Minuten südlich der Stadt Braunau, stand früher ein hölzernes Kreuz. Dieses wurde zum Andenken an die hier erfolgte Hinrichtung der im ganzen Innviertel gefürchteten Brandstifterin Magdalena Schönauer errichtet.

Magdalena Schönauer wurde am 16. Mai 1778 zu Ursprung in der Pfarre Aspach geboren. Im Alter von 6 Jahren wurde sie in die Schule nach Aspach geschickt, wo sie sich aus Faulheit nicht einmal das grundlegendste Wissen aneignete. Schon als Kind stritt sie sich ständig mit ihren Geschwistern und war von Zank und Rachsucht getrieben. In ihren Jugendjahren arbeitete sie unter dem Namen „Schimmelreiter Lena" als Viehmagd auf verschiedenen Bauernhöfen, blieb aber nirgends länger als ein Viertel Jahr. Bald galt sie in vielen Dörfern als unzuverlässige Herumtreiberin, die sich lieber dem Müßiggang hingab, als fleißig zu arbeiten.

Anfang des Jahres 1808 arbeitete sie als Viehmagd bei Josef Hartinger am Hanselbauerngute zu Baumgarten in der Gemeinde Aspach. Schon damals hatte sie den beiden im selben Dorf ansässigen Bauern, Josef Lengauer am Zacherlgute und

Peter Gradinger am Grögnergute, Rache geschworen, da diese sie der Faulheit bezichtigt hatten. Am 13. Oktober 1808, kurz nach Mitternacht, schlich sie sich mit einem brennenden Ölpfandel über die Wiese zum Nachbarhof von Josef Lengauer und steckte an einer Stadelecke das hervorstehende Stroh in Brand. Der erste Schritt war getan und so wurde aus Magdalena Schönauer eine Brandstifterin. Der Umstand, dass sie unentdeckt blieb und auf einfache Art und Weise ihr Rachegefühl befriedigen konnte, ermutigte sie zu weiteren Brandlegungen.

Im Juni 1810 heiratete sie den Tagelöhner Johann Grundwürmel aus Durchham in der Pfarre Geinberg. Damit fing ein neuer Abschnitt im Leben der Magdalena Schönauer an. Da ihr Ehemann ebenfalls aus einer Vagabundenfamilie stammte, fühlte sie sich durch diese Heirat des zwangvollen Lebens als Dienstmagd entbunden und sah sich nur mehr selten um eine Arbeit um. Stattdessen begann sie zu betteln und beschimpfte diejenigen, die ihr entweder gar nichts gaben oder nicht das, was sie verlangte. Schon bald war sie in der ganzen Gegend als bösartige Bettlerin bekannt und gefürchtet.

Da sie durch die Bettlerei alleine ihre Bedürfnisse nicht befriedigen konnte, beschloss sie weitere Brände zu legen, um bei der dabei entstehenden Verwirrung unentdeckt Diebstähle begehen zu können. So begann sie mit dem 14. April 1814 erneut viele Bauernhöfe in ihrer Umgebung aus Rache und Gewinnsucht in Brand zu stecken. Nach dem Tod ihres Mannes heiratete sie am 10. Mai 1826 den geistig beschränkten Johann Blasius Schönauer, Besitzer eines Häuschens zu Amberg in der Pfarre Minning. Von hier aus verübte sie zahlreiche, weitere Brandstiftungen in ihrer Umgebung, bis sie endlich im September des Jahres 1827 der lange Arm des Gesetzes erreichte.

Am Sonntag, den 7. September 1827, brach während des Hauptgottesdienstes plötzlich an der Stadelecke des Holzmanngutes zu Amberg, in der Pfarre Minning, Feuer aus, das bei heftigem Wind so schnell um sich griff, dass eine halbe Stunde später bereits vier große Bauernhöfe in Schutt und Asche lagen. Nur unter den allergrößten Bemühungen der herbeigeeilten Bevölkerung konnten die übrigen Gebäude der Ortschaft gerettet werden. Der Umstand, dass das Feuer an einer vom Weg abgelegenen Ecke des Stadels gerade zu der Zeit ausbrach, als alle Bewohner des Dorfes in der entlegenen Pfarrkirche zu Minning waren, erweckte den Verdacht einer Brandlegung. Bei den anschließenden Nachforschungen wurde festgestellt, dass die Tagelöhnerin Magdalena Schönauer zu der Zeit in der Nähe der besagten Stadelecke gesehen wurde, als das Feuer ausgebrochen war. Des Weiteren sagte sie zu einem Bewohner, der sie bei der Bekämpfung des Feuers um Hilfe bat: „Lasst den Teufel zusammen brennen! Sie geben ohnehin den Armen nichts!" Diese Umstände bildeten einen berechtigten Verdacht gegen Magdalena Schönauer. Bei der darauf folgenden Hausdurchsuchung fanden sich Brandmaterialien wie Flachs, Hanf und mehrere in Pech und Schwefel getauchte Bündel Holz. Magdalena Schönauer wurde verhaftet und weitere kriminalistische Erhebungen eingeleitet. Nach einigen vergeblichen Versuchen ihre Verbrechen abzustreiten, legte sie ein umfassendes Geständnis über insgesamt 34 Brandlegungen ab.

Abbildung 9. *„Schimmelreiter Lena", Sammlung Walter Obersberger*

Aktenmäßige Darstellung der eingestandenen Brandlegungen in chronologischer Reihenfolge:

Am 13. Oktober 1808 in der Ortschaft Baumgarten, Pfarre Aspach, bei Josef Lengauer. Das war die erste Brandlegung der Übeltäterin aus Rache um 1 Uhr morgens.

Am 31. Oktober 1808 in der Ortschaft Baumgarten, Pfarre Aspach, bei Peter Gradinger. Diese Brandstiftung erfolgte ebenfalls aus Rache in den frühen Morgenstunden.

Am 9. November 1808 in der Ortschaft Baumgarten, Pfarre Aspach, bei Johann Zeindl. Diese Brandstiftung erfolgte aus Neid zur Nachtzeit.

Am 17. November 1808 in der Ortschaft Baumgarten, Pfarre Aspach, bei Josef Hartinger. Diese Brandstiftung erfolgte aus Rache zur Nachtzeit, die Brandlegerin war hier Dienstmagd.

Am 18. November 1808 in der Ortschaft Rottersham, Pfarre Mettmach, bei Georg Daninger. Diese Brandstiftung erfolgte aus Rache zur Nachtzeit.

Am 16. Dezember 1808 in der Ortschaft Kapellen, Pfarre Aspach, bei Lorenz E. Diese Brandstiftung erfolgte aus Rache zur Nachtzeit.

Am 2. November 1812 in der Ortschaft Römerneuberg, Pfarre Polling, bei Josef Hillinger. Diese Brandstiftung erfolgte aus Rache zur Nachtzeit.

Am 14. April 1815 in der Ortschaft Mosham, Pfarre Geinberg, bei Max Weierdinger. Diese Brandstiftung erfolgte zur Nachtzeit aus Gewinnsucht, um einen Diebstahl zu verschleiern.

Am 3. Jänner 1816 in der Ortschaft Mosham, Pfarre Geinberg, bei Matthias Aigner, Matthias Lobmayer und Johann Draxlbauer. Diese Brandstiftungen erfolgten aus Rache zur Nachtzeit.

Am 14. Oktober 1816 in der Ortschaft Mosham, Pfarre Geinberg, bei Max Weierdinger. Diese Brandstiftung erfolgte um Mitternacht aus Gewinnsucht, um einen Diebstahl zu verschleiern.

Am 17. April 1817 in der Ortschaft Mosham, Pfarre Geinberg, bei Josef Gollhammer. Diese Brandstiftung erfolgte um Mitternacht aus Gewinnsucht, um einen Diebstahl zu verschleiern.

Am 21. Jänner 1818 in der Ortschaft Mosham, Pfarre Geinberg, bei Matthias Aigner. Diese Brandstiftung erfolgte aus Rache zur Nachtzeit.

Am 25. Jänner 1818 in der Ortschaft St. Ulrich und Markt Altheim, Pfarre St. Laurenz, bei Anna Maria Huber, Marie Nößlinger und Georg Loderseder. Diese Brandstiftungen erfolgten aus Rache zur Nachtzeit.

Am 24. Februar 1818 in der Ortschaft Durchham, Pfarre Geinberg, bei Simon Wührer. Diese Brandstiftung erfolgte aus Gewinnsucht, um einen Diebstahl zu verschleiern, am Tag als die Leute in der Kirche waren.

Am 19. Juni 1819 in der Ortschaft Danting, Pfarre St. Laurenz, bei Michael Hatheier. Diese Brandstiftung erfolgte zur Nachtzeit aus Gewinnsucht, um einen Diebstahl zu verschleiern.

Am 13. Juli 1819, Pfarre Geinberg, bei Johann Lobmayer. Diese Brandstiftung erfolgte aus Rache am frühen Morgen.

Am 28. August 1819 in der Ortschaft Oberweyerding, Pfarre St. Laurenz, bei Matthias Mairinger. Diese Brandstiftung erfolgte aus Rache zur Nachtzeit.

Am 3. Mai 1820 in der Ortschaft Mosham, Pfarre Geinberg, bei Josef Gollhammer. Diese Brandstiftung erfolgte zur Nachtzeit aus Gewinnsucht, um einen Diebstahl zu verschleiern.

Am 16. April 1821 in der Ortschaft Mosham, Pfarre Geinberg, bei Josef Draxlbauer. Diese Brandstiftung erfolgte um Mitternachtt aus Gewinnsucht, um einen Diebstahl zu verschleiern.

Am 24. November 1821 in der Ortschaft Mosham, Pfarre Geinberg, bei Johann Wührer und Matthias Lobmayer. Diese Brandstiftung erfolgte aus Rache um Mitternacht.

Am 24. August 1822 in der Ortschaft Mosham, Pfarre Geinberg, bei Max Weierdinger. Diese Brandstiftung erfolgte um Mitternacht aus Gewinnsucht, um einen Diebstahl zu verschleiern.

Am 10. Februar 1823 in der Ortschaft Dietraching, Pfarre Moosbach, bei Johann Gartner. Diese Brandstiftung erfolgte aus Rache um Mitternacht.

Am 17. August 1823 in der Ortschaft Durchham, Pfarre Geinberg, bei Josef Scherzer und Josef Moser. Diese Brandstiftung erfolgte zur Nachtzeit aus Gewinnsucht, um einen Diebstahl zu verschleiern.

Am 19. April 1825 in der Ortschaft Stern, Pfarre St. Laurenz, bei Andrä Schreckeneder. Diese Brandstiftung erfolgte zur Nachtzeit aus Gewinnsucht, um einen Diebstahl zu verschleiern.

Am 26. April 1825 in der Ortschaft Kleinreit, Pfarre Mettmach, bei Josef Gaisbauer. Diese Brandstiftung erfolgte bei Dämmerung aus Gewinnsucht, um einen Diebstahl zu verschleiern.

Am 16. Juni 1825 in der Ortschaft Wasen, Pfarre Moosbach, bei Josef Lindner. Diese Brandstiftung erfolgte um Mitternacht aus Rache.

Am 24. Juni 1825, Pfarre St. Georgen bei Obernberg, bei Josef Pichler. Diese Brandstiftung erfolgte aus Rache zur Nachtzeit.

Am 5. September 1825 in der Ortschaft Mosham, Pfarre Geinberg, bei Josef Draxlbauer und Matthias Aigner. Diese Brandstiftung erfolgte aus Rache nach Mitternacht, wobei der Viehhirte M. Steindl verbrannte.

Am 17. Oktober 1825 in der Ortschaft Ditraching, Pfarre Weng, bei Martin Kapreuter. Diese Brandstiftung erfolgte aus Rache bei Tage als die Leute im Forst waren.

Am 11. Dezember 1825 in der Ortschaft Eichedt, Pfarre Mettmach, bei Peter Lederer. Diese Brandstiftung erfolgte zur Nachtzeit aus Rache.

Am 6. April 1826 in der Ortschaft Holzerding, Pfarre Polling, bei Michael Schöppl. Diese Brandstiftung erfolgte in den frühen Morgenstunden aus Gewinnsucht, um einen Diebstahl zu verschleiern.

Am 17. Juli 1826 in der Ortschaft St. Ulrich und Markt Altheim, Pfarre St. Laurenz, bei Maria Langwider, Stephan Körner, Josef Hillermaier und Loibertseder. Diese Brandstiftung erfolgte aus Gewinnsucht, um einen Diebstahl zu verschleiern, bei tage als die Leute beim Gottesdienst waren.

Am 9. Mai 1827 in der Ortschaft Oberweyerding, Pfarre St. Laurenz, bei Josef Prühwasser. Diese Brandstiftung erfolgte zur Nachtzeit aus Gewinnsucht, um einen Diebstahl zu verschleiern.

Am 7. September 1827 in der Ortschaft Amberg, Pfarre Minning, bei Josef Fischer, Franz Mühlberger, Josef Kasinger und Johann Weinberger. Diese Brandstiftung erfolgte aus Rache bei Tage als die Leute in der Kirche waren.

Nach Abschluss der Erhebungen wurden die Akten an die löblichen k. u. k. obderennsischen Stadt- und Landrechte zur Urteilsschöpfung eingesandt und am 31. März 1828 nachstehendes Todesurteil gefällt und von dem hohen k. u. k. niederösterreichischen Appellations- und Kriminalobergericht am 6. Juni 1828 bestätigt.

Der oberste Gerichtshof erkannte daher: *„Magdalena Schönauer sei der Verbrechen der Brandlegung und des Diebstahls schuldig und soll deshalb mit dem Tode durch den Strang bestraft werden."*

Reumütig bereitete sich Magdalena auf ihr Ende vor, ermahnte in ihrer Gefängniszelle, zu welcher freier Zutritt gestattet war, Besucher zu ordentlicher Lebensführung und erhielt dafür auch viele Geschenke. Der Benefiziat Jakob Prieschl begleitete sie am 19. August 1828 um 9 Uhr vormittags zum Galgen. Ihr geistig beschränkter Ehemann, Johann Blasius Schönauer, war ebenfalls Zeuge dieser Hinrichtung. Dieser soll laut Artikel aus der Zeitung „Neue Warte am Inn" vom 16. März 1884 beim Abschied noch folgenden, wohlgemeinten Wunsch ausgesprochen haben: *Pf, Pfü, Pfürtö Gott und bl, blei, bleib gsund!*

Die Vollstreckung des Todesurteils erfolgte in Gegenwart des k. u. k. Landrichters und Pflegers Ludwig Krakowitzer und des k. u. k. Gerichtsadjunkten und Untersuchungskommissärs Ignaz Edler von Kürsinger sowie einer großen Zuschauermenge von mindestens 10.000 Menschen. Um 6 Uhr abends nahm der

Scharfrichter die Leiche vom Galgen und legte sie mit Hilfe zweier Knechte in das Grab auf der Richtstätte.

Im Sommer des Jahres 1927 erfuhr der Maler und Heimatforscher, Herr Hugo von Preen aus Osternberg, von der Existenz eines Ölgemäldes, auf dem die Brandstifterin Magdalena Schönauer dargestellt ist. Dieses Bild wurde im Jahre 1827 auf Veranlassung des Untersuchungskommissärs vom Braunauer Maler Anton Wenger hergestellt und sollte als eine Art Steckbrief dienen. Mit der Berufung von Ignaz Edler von Kürsinger zum kaiserlich königlichen Pfleger an das Bezirksgericht Mittersill gelangte auch das Ölgemälde in den salzburgerischen Pinzgau. Dort sah der Oberlandesgerichtsrat Dr. Gottfried Balsar, ein gebürtiger Rieder, das Bild und erkannte darauf die berüchtigte Innviertler Feuerhexe Magdalena Schönauer. Bei einem Besuch in Osternberg erzählte er Hugo von Preen, dem Vorstand des Braunauer Heimatvereines, von der Entdeckung. Dieser setzte alle Hebel in Bewegung, um das Ölgemälde für das Heimathaus in Braunau zu erwerben. Nachdem alle bürokratischen Hindernisse aus dem Weg geräumt waren, konnte das hervorragend gemalte Bildnis im Spätherbst 1927 endlich in Empfang genommen werden.

(Die zahlreichen Brandstiftungen der Schimmelreiter Lena, 1927; Vor 100 Jahren, 1928)

Warum die Braunauer im Juli 1908 ihr Bier in Simbacher Wirtshäusern tranken

Anfang Juli des Jahres 1908 herrschte in der Bevölkerung ganz Oberösterreichs große Aufregung wegen einer vom Brauherrenverein angeordneten Bierpreiserhöhung. Vor allem gegen die Abschaffung des so genannten „Dreiviertelliter" wurde auf das Heftigste protestiert. Nicht ganz unverständlich, bedeutete dies doch für gewöhnlich, dass zwar ein Dreiviertelliter Bier bezahlt, aber ein ganzer Liter ausgeschenkt wurde. Das heute so selbstverständliche Flaschenbier war damals ja kaum bekannt und deshalb spielte gerade die Gassenschank hierzulande eine wichtige Rolle.

Nachfolgend ein Auszug des Artikels „Der Bierkrieg" aus der Zeitung „Neue Warte am Inn" vom 4. Juli 1908 (Der Bierkrieg, 1908):

Das schönste aber ist, dass in der ganzen Verlautbarung des Brauherrenverbandes keine Silbe steht von der Abschaffung des Dreiviertelliter, der fortan dem Braunauer Arbeiter ebenfalls entzogen werden soll. Jedes Kind weiß, dass unsere gesetzlichen Maße im Ganzen, im Viertel, im Halben und daher auch im Dreiviertel Liter bestehen. In ganz Oberösterreich wird auch der Dreiviertelliter fortgeführt, nur in den von den

Braunauer Herren beherrschten Gebieten soll es denselben nicht mehr geben. Es ist kein Zweifel, dass die Behörde diesen menschenfreundlichen Brauern und einigen Wirten die gesetzlichen Maße noch lehren wird. Die Bevölkerung aber wird sich ein gesetzliches Maß nicht rauben und einen höheren Bierpreis als den kartellierten nicht aufbringen lassen.

Die bei der Bevölkerung für ungerechtfertigt angesehene Bierpreiserhöhung machte sich besonders in Braunau am Inn deutlich bemerkbar. So gingen am 1. Juli 1908 spät nachmittags hunderte Braunauer aller Stände und Klassen über die Grenze nach Simbach, um dort ihr Bier zu trinken. Die Demonstrierenden zogen singend und pfeifend unter Anführung einer Musikkapelle vom Stadtplatz Braunau zur Innbrücke und von dort weiter zum Grainersaal in Simbach am Inn. Viele hatten auf ihren Hüten einen Zettel mit der Aufschrift „Ich bin ein Arbeiter" angesteckt. Denn der Bierstreik wurde in erster Linie von Handwerkern und Arbeitern getragen. Die Verantwortlichen dieser ersten Bierdemonstration waren Bäckermeister Piracher und Tischlermeister Gallhuber.

Nachfolgend ein Auszug des Artikels „Der Bierprotest" aus der Zeitung „Neue Warte am Inn" vom 4. Juli 1908 (Der Bierkrieg, 1908).

In Simbach wurden einige Reden gehalten und die Anwesenden aufgefordert, den Bierkampf, der einmal begonnen, fortzuführen. Derselbe muss gewonnen werden. Die Sozialdemokratische wie die christlich organisierte Arbeiterschaft erklärten sich mit einem Großteil der Bürgerschaft solidarisch. In ulkiger Weise wollte man den von den Brauern und Wirten totgesagten „Dreiviertler" köpfen. Da man jedoch von seinem Wiedererstehen überzeugt ist, und man dadurch den Unschuldigen zur Strafe gezogen hätte, so wurde davon Umgang genommen. Die begreiflicherweise aufs höchste erregte Menge hatte soviel Besonnenheit, Exzesse zu vermeiden.

Am Samstag, den 11. Juli 1908 um 8 Uhr abends, kam es in Braunau auf dem Volksfestplatz (an der Jubiläumsstraße) zu einer weiteren Protestkundgebung, an der sich schon mehr als 1000 Menschen beteiligt hatten. Herr Hladik als Vertreter der Sozialdemokratischen Partei sowie Herr Kapeller im Namen der Christlich-Sozialen Partei brachten mit scharfen Worten ihren Unmut über das Verhalten der Brauherren zum Ausdruck. Unter lang anhaltendem Beifall und Bravorufen nahm die ganze Versammlung geschlossen eine Resolution an, den

Bierkonsum in Braunau so lange einzustellen bis die früheren Maße und Preise wieder hergestellt wären.

Der weitaus größte Demonstrationszug nach Simbach am Inn erfolgte am Sonntag, den 12. Juli 1908 (Zur Bierpreiserhöhung, 11. Juli 1908). Noch am Vortag waren Flugblätter mit folgendem Aufruf verteilt worden:

Bierpreiserhöhung: Am Sonntag, dem 12. Juli, findet ein Demonstrationszug in Braunau und Ausflug nach Simbach in die Schätzlokalitäten statt, zu welchem die Bevölkerung von Braunau und Umgebung eingeladen ist. Abmarsch um 3 Uhr nachmittags vom oberen Stadtplatz. Bewohner, beteiligt Euch massenhaft und gebt durch Euer ruhiges aber ernstes Auftreten bekannt, dass Ihr die alten Bierpreise und das alte Maß fordert. Wir wünschen, dass im Interesse der übrigen unter dem Bierstreike leidenden Bevölkerung die Sache ehe möglichst beigelegt werde und zwar zur Zufriedenheit beider Parteien.

Aufgrund dieser erfolgreichen Flugblattaktion hatten sich um 3 Uhr nachmittags weit über 2000 Menschen am Stadtplatz eingefunden, um an der Sonntagsversammlung teilzunehmen. Unter Vorantritt der hiesigen Musikkapelle zogen die Bierstreikenden durch die Straßen, um den einzelnen Brauherren ein Ständchen zu bringen. Danach marschierten sie über die

Innbrücke, um in den Gastgärten von Simbach ihren Durst mit kühlem Bier zu stillen. Der „Bierkrieg" hatte in Braunau inzwischen ein Ausmaß angenommen, das so wohl niemand hätte voraussehen können. Durch den Protest gegen die Bierverteuerung wurde fast die gesamte Braunauer Geschäftswelt in Mitleidenschaft gezogen. Da die Demonstrierenden nun schon ihr Bier in Simbach tranken, deckten sie sich hier auch gleich mit Lebensmitteln und anderen Gegenständen für den täglichen Gebrauch ein.

Abbildung 10. Demonstrationszug am 12. Juli 1908 in Braunau am Inn. (Die Bierdemonstration in Braunau, 1909, S. 99)

Am Freitag, den 17. Juli 1908, kam frühmorgens vom Streik-
komitee neuerlich ein Flugblatt mit folgendem Wortlaut zur
Verteilung (Demonstrationen gegen die Bierpreiserhöhung, 18.
Juli 1908):

In Sachen des Bierstreikes! An die Bevölkerung der Stadt
Braunau und Umgebung. Allen jenen, die bisher so regen An-
teil am Bierstreike genommen haben, diene zur Kenntnis, dass
die in Braunau erfolgte Bierpreiserhöhung nicht durch das
Brauerkartell, sondern durch die Braunauer Bräuer selbst zur
Einführung gelangte. Uns ist ein in Druck gelegtes Schriftstück
in die Hände gekommen, welches die Herren Brauer von Brau-
nau gründlichst kennzeichnet und ihr Benehmen genau qualifi-
ziert. Diesem Schriftstück zufolge haben also unsere Brauer
den Bierpreis ohne Grund erhöht. [...] Nicht die Konsumenten,
sondern die „Herren" sind also die Urheber des Streikes und
verantwortlich für den Schaden, den der Streik den Gewerbe-
treibenden bringt. Da nachweislich das Braukartell also die
Bierpreiserhöhung für Braunau nicht erzwang, so lasse sich
daher auch der Biertrinker nicht zwingen, das Bier ohne Grund
teurer zu zahlen. Daher sagen wir: Auf zur nächsten Versamm-
lung am Samstag! Auf nach Simbach am kommenden Sonntag!
Der Stadt Braunau ist durch das Kartell eine Ausnahmestel-
lung eingeräumt worden; durch das Kartell wurde der alte

Bierpreis nicht erhöht. Darum harret aus im Streike, bis wir den durch das Kartell zugestandenen Bierpreis erzwungen haben! [...]

Noch am selben Tag gaben die Braunauer Brauherren nach und die Bierpreiserhöhung wurde zurückgenommen. Der Dreiviertelliter war ja bereits zu Beginn der Woche wieder zur Ausschank gekommen. Infolge dieser günstigen Entwicklung unterblieb jede weitere Protestveranstaltung. Nur am Samstag, den 18. Juli, fand abends auf dem Volksfestplatz noch eine letzte Kundgebung über den erfolgreichen Kampf gegen die Bierverteuerung statt. Der schon für Sonntag, den 19. Juli 1908, geplante Demonstrationszug durch die Stadt und anschließend nach Simbach am Inn wurde abgesagt.

Am 1. August 1908 erschien in der Zeitung „Neue Warte am Inn" nachträglich ein Rechtfertigungsschreiben des Bezirksverbandes der Innviertler Brauer (Zur Abwehr! 1. August 1908). In dieser Anzeige wehrten sich die Bierbrauer gegen die vielfachen gegen sie gerichteten und geradezu maßlosen Angriffe. Bierbarone, Biermillionäre, Volksbewucherer, Raubritter, ja sogar als Bierkönige wären sie bezeichnet worden! Die Arbeitslöhne hätten sich laut Anzeige in den letzten 10 Jahren verdoppelt, während der Bierpreis seit 30 Jahren unverändert geblieben sei. Auch könnten die Bierbrauer in den großen Städten durch die günstigen Bahn- und Schiffsverbindungen die billigere, ungarische Gerste beziehen. Die Innviertler Brauer müssten jedoch die häufig beregnete und dadurch minder verwendbare, heimische Gerste kaufen. Aufgrund dieser tristen Verhältnisse wäre diese ohnehin bescheidene Bierpreiserhöhung durchaus berechtigt gewesen.

Um die gewaltige Aufregung und die heftigen Proteste über die Bierpreiserhöhung besser zu verstehen, muss man sich vergegenwärtigen, dass Bier zur damaligen Zeit von vielen als Volksnahrungsmittel, als „flüssiges Brot", angesehen wurde, und dass der Bierpreis als eine Art Lebensmittelkostenindex galt. Auch eine geregelte Altersversorgung, wie wir sie heute kennen, gab es damals noch nicht. Um eine ausreichende Eigenvorsorge treffen zu können, waren die Menschen also darauf angewiesen, dass der Geldwert über einen langen Zeitraum stabil blieb. Aus diesem Grund reagierte die Bevölkerung auch äußerst ungehalten auf jegliche Preiserhöhungen.

(Fink, 6. Februar 1974)

Als ein Ranshofner Petrijünger fünf Braunauer Weidmännern einen Bären aufgebunden hat

Im Frühjahr anno 1772 wurde der letzte Bär im Innviertel erlegt, nachdem er schon längere Zeit in den Ortschaften des Kobernaußerwaldes sein Unwesen getrieben hatte. Die lang anhaltende Kälte und der Hunger müssen das Raubtier aus den Alpen in unsere Gegend verschlagen haben. Der erfolgreiche Schütze erhielt damals die von der Regierung ausgesetzte Prämie von 100 Silbergulden und noch 12 Dukaten extra dazu. Der Bär wurde nach Mauerkirchen gebracht und im ganzen Ort zur Schau gestellt. Der hiesige Bürgermeister ließ das Tier präparieren und mit der Inschrift „Der letzte Bär im Innviertel" ausstellen.

Aber war das wirklich der letzte Bär? Nicht ganz, denn am 7. Februar 1907 kam der Fischer Pollhammer Hansjagl aus Blankenbach spät abends völlig aufgeregt ins Gasthaus Stöger (heute Stadtplatz 50 – Stögerpassage) und berichtete am Stammtisch, dass ein Bär den Inn Richtung Brücke herab geschwommen sei. Da erst kürzlich in der Zeitung „Neue Warte am Inn" die Nachricht von einem entlaufenen Bären im benachbarten Bayern zu lesen war, hatte sich schnell eine illustre Jägerrunde zusammengefunden, um die Bärenjagd aufzunehmen. Der Brauer Ignaz Stöger, der Wachszieher Anton Wesner, der Steuerbeamte Richard Lindenthal, der Weinwirt Franz Paroubek und der Maurermeister Franz Pointner eilten zur Innbrücke und sahen in der Dunkelheit auf der leicht verschneiten Sandbank nahe dem Ufer tatsächlich etwas, das sich schemenhaft hin und her bewegte. Das konnte nur der Bär sein! Die Jäger verteilten sich auf der Innbrücke und schossen mit ihren Gewehren auf das vermeintliche, sich im Halbdunkel bewegende Ziel. Der Fischer Pollhammer stach mit seinem Boot zur nahen Sandbank hinüber und schlug mit dem Paddel todesmutig auf den noch immer „brummenden Bären" ein. Im Schein der mitgebrachten Laterne sah er aber dann auf der Sandbank nur einen alten, aufgespannten Regenschirm, der sich im Wind hin und her bewegte.

Dieses Jagdereignis hatte sich in Windeseile im ganzen Innviertel herumgesprochen und auch in der Zeitung „Neue Warte am Inn" vom 16. Februar 1907 wurde unter dem Titel „Die Bärenjagd in Braunau oder das aufg'spannte Paraplü" über die genarrten Jäger berichtet (Die Bärenjagd in Braunau oder das aufg'spannte Paraplü, 16. Februar 1907). Sogar ein Gedicht in Innviertler Mundart und einige humorvolle Ansichtskarten entstanden aus der „Bärigen Gschicht".

Abbildung 11. „*Die glücklichen Jäger*", *Archiv Renate Hoerner*

Eine Bärenjagd in Braunau

Am Pfinsta um a sechse auf d'Nacht
Fahrt a Fischa drom vo Blankenbach
Mit seiner Woadzilln auf'n Inn
Stichgrad auf a klane Sandbänk hin.

Auf amal schreit er: Was is das?
A Bär, a Bär is in da Saß!
Und mit sein Hacken mit dem langa
Ruckt er aus ins Bärenfanga.

Der Bär der schaut schö langsam uma
Und macht dazua a weng an Brumma,
Den Fischer packt dö Angst, o Graus,
Er fahrt davo und rennt glei aus,

Z'erscht hin zum Bizi-Nazi-Bräu,
Weils hoaßt, dass er a Jaga sei
Und so a Modöbüchsn hat,
Dö fünfmal schiaßt, wenns oamal lad't.

Da Spindlthal wird a verständigt,
Denn so was gfreut ja den unbändig.
Da Kassersieda und da Leckerlbacher
Kemann natürli a glei nacha.

Da Nazi hat an dick'n Pelzrock an,
Daß der Bär nöt duribeißn kann,
A recht a lange Kugelspritzn
Und hint'n siagt ma an Revoiver blitz'n.

Er sagt, den wern ma schon glei hab'n
Und d' Haut zum Kürschner abi trag'n;
Dös gibt a schöne schwarze Decken,
Da kann si d' Fanny einistecken.

Jetzt kemmans abi scho auf d' Länd,
Freund, wer hat sie denn dös denkt,
Was so a Viech für Ängsten macht,
Wann ma's nöd siacht es is ja Nacht.

Es ruaft an Heilig'n Hubert on

Da Richard mit da Platzpatron,

daß dös Luader ja glei z'reißt,

Damit's `n nöt in d' Wadln beißt.

Da Spindlthal der tuat visiern,

er moant, da kunt man ja scho kriag'n,

Denn woaßt mei Büchs geht damisch weit

Und in Simbach drent'n stengan d'Leut,

Dö ganze Bruck is e schon voll

Und drucka tuans an scho wia toll.

Dö Muatta schreit an Franzi-Vater,

Geh nöt z'weit zubi, bleib liaba dada.

Da Moasta Franzl rennt um d' Latern,

weils n' sunst nöt segn than den Bärn.

Daweil dö Jaga auf's Liacht nu wart'n,

Tuat ob'n oana durchs Wasser waten,

Geht pfeigrad zuwie auf dös Vieh

Und zoagt dö Jaga - s' Parablie,

Dös scho zwoa Monat liegt auf'n Haufen,

Wo da Fischa wög is glaufen,

So lang bis er hat Jaga g'funden,

Denen er's dann als Bär aufbunden.

Neben diesem lustigen Gedicht hatte auch Altmeister Valentin Simböck sich ein witzig-satirisches Liedchen zusammengedacht und in den Wirtshäusern vorgesungen (Die Braunauer Bärenjagd vor 50 Jahren, 14. Februar 1957).

War dös an große Angst,

Do unten auf da Landt.

Da hams an saubers Stückl gmacht,

Dös hat zum Fasching glangt.

Den drunten auf dem Inn

Habens gsegn an wilden Bärn.

Drauf sans gleich auf eam her

Mit einem Schießgewehr.

O Parabluie, o Paroubek…

Abbildung 12. „*Ich bin kein Bär!*", *Archiv Renate Hoerner*

Die sonderbaren Grenzerlebnisse des jungen Schopenhauer

Auch der berühmte Philosoph Arthur Schopenhauer verweilte im Jahre 1804 über eine Woche lang in der Grenzstadt Braunau am Inn. Allerdings dürfte er keine besonders gute Erinnerung an diesen ungewollten Aufenthalt gehabt haben, wie in nachfolgender Geschichte deutlich wird.

Bereits im Alter von 15 Jahren erwachte im jungen Schopenhauer die Liebe zum Musisch-künstlerischen und er bat seinen Vater eindringlich, ein Gymnasium besuchen zu dürfen. Dieser war über das Ansinnen seines Sohnes nicht sonderlich erfreut, war doch im ausgehenden 18. Jahrhundert die Gelehrtenlaufbahn unweigerlich mit dem Begriff des Hungerleidens verbunden. Nach reiflicher Überlegung stellte Heinrich Floris Schopenhauer seinen Sohn vor die Alternative, entweder sofort ins Gymnasium einzutreten oder mit den Eltern eine zweijährige Europareise zu unternehmen und anschließend den Kaufmannsberuf zu erlernen. Einer solchen Versuchung konnte der erst 15-Jährige nicht widerstehen und so reiste Arthur Schopenhauer mit seinen Eltern von Mai 1803 bis Anfang 1805 durch Holland, England, Belgien, Frankreich, die Schweiz, Österreich und Deutschland.

Es folgt eine sinngemäße Wiedergabe der Ereignisse nach den Reisetagebüchern von Johanna und Arthur Schopenhauer (Gwinner, 1878, S. 30-32; Schopenhauer, 1839, S. 62-71).

Wir ließen das Land der Bayern hinter uns und fuhren durch den hässlichen schwarzgelben Schlagbaum, nicht ahnend, welches Unheil uns noch bevorstand. Mehrere Zollbeamte kontrollierten mit wichtiger Miene unsere Pässe und erklärten, da diese von keinem österreichischen Gesandten unterschrieben waren, für ungültig. Unsere vom Senat in Hamburg ausgefertigten Pässe, die in allen von uns besuchten Ländern anerkannt worden waren, sollten hier in Österreich, im Lande des Kaisers, unter dessen Schutz die freie Reichsstadt Hamburg damals noch stand, für ungültig erklärt werden? Wir gingen also sofort zum Polizeikommissar und diskutierten über eine Stunde lang mit ihm. Aber es half alles nichts! Uns wurde nur die Alternative gelassen, entweder sofort umzukehren oder aber eine Stafette (Eilzustellung durch einen Postreiter) mit unseren Pässen nach Wien zu schicken, um uns die benötigte Unterschrift zu verschaffen.

Wir fügten uns in das Unabänderliche und nahmen Quartier im ersten Stock des besten Gasthauses, das in Braunau zu bekommen war. Die Stafette nach Wien wurde augenblicklich losgeschickt, und wir waren guter Dinge, unsere Reise in spätestens drei bis vier Tagen fortsetzen zu können. Als ob dieser ärgerliche Zwischenfall nicht schon genug gewesen wäre, kamen noch weitere Unannehmlichkeiten auf uns zu. Die Zollbeamten überprüften pflichtbewusst unseren Wagen und durchsuchten all unsere Koffer auf das Gründlichste, nicht der kleinste Winkel blieb unberührt.

Abbildung 13. „Mautstelle am Wassertor in Braunau am Inn", Sammlung Walter Obersberger

101

Mehrere Zigarren und ein Röllchen Kanaster wurden sogleich beschlagnahmt. Zu unserem Glück war es jedem Reisenden erlaubt, für seinen eigenen Gebrauch ein halbes Pfund einzuführen, sodass wir unseren mitgebrachten Tabakvorrat wieder zurück erhielten. Aber ein unbedeutender, deutscher Roman, den wir in Augsburg gekauft hatten, wurde als neu eingestuft und ohne Erbarmen konfisziert. Ein schönes Teleskop, das wir vor mehr als einem Jahr in London erworben hatten, wollte man ebenfalls konfiszieren. Nur die ernste Drohung, dass wir uns in Wien bei der höchsten Behörde über dieses widerrechtliche Vorgehen beklagen würden, verhinderte die Beschlagnahme. Diese unangenehme Inquisition unter den Augen der neugierigen Bevölkerung dauerte mehrere Stunden lang und endete mit der Sicherstellung unseres Reisewagens, damit uns nicht etwa einfallen würde, bei Nacht und Nebel davonzufahren.

Der nächste Tag verging mit allerlei kleinen Arbeiten ganz annehmbar und unsere Lage erschien uns gleich in einem weit erträglicheren Licht. Gegen Abend wollten wir einen kleinen Spaziergang in der näheren Umgebung machen, wurden aber am Stadttor angehalten und nach unseren Pässen gefragt. Da wir diese natürlich nicht vorweisen konnten, wurden wir sogleich als verdächtige Personen zu dem uns schon bekannten

Polizeikommissar gebracht. Nun ging die ganze tragikkomische Szenerie von vorne los. „Wer seid's denn? Wo kommt's denn her? Wo wollt's denn hin?", lauteten die Fragen. Der Polizeikommissar, der uns am Vortag eine Stunde lang befragt hatte, tat plötzlich so, als habe er uns noch nie gesehen. Trotz unserer misslichen Lage konnten wir es nicht unterlassen dem guten Manne mit lachendem Gesicht zu versichern, dass er doch über alles ganz genau Bescheid wissen müsste. Daraufhin bekamen wir eine Torkarte, die uns erlaubte, nach Belieben durch die Tore der Stadt hinaus zu gehen.

Die Tage vergingen, der zweite, der dritte, der vierte und auch am fünften Tage waren unsere Pässe noch immer nicht aus Wien zurückgekommen. Erst am siebten Tag erschien die couriermäßig bezahlte Stafette zu Fuß in Gestalt eines alten Weibes in Braunau. Vermutlich hatte der Postmeister, der zugleich auch unser Gastwirt war, die Stafette in einen Fußboten umgewandelt, um uns als zahlende Gäste so lange als möglich in Braunau behalten zu können. Glücklich über unsere wieder gewonnene Freiheit absolvierten wir die notwendigen Besuche bei Polizei und Zoll, stiegen in unseren freigegebenen Reisewagen und rollten in Windeseile aus der Stadt am Inn hinaus.

Abbildung 14. „Braunau am Inn", Sammlung Walter Obersberger

Auch ein Papst verweilte in den Mauern unserer alten Stadt

Mit dem Tode der Kaiserin Maria Theresia im Jahre 1780 erlangte ihr Sohn Joseph II die alleinige Regierungsgewalt. Nun konnte er sein von der Aufklärung stark geprägtes Reformprogramm endlich in die Tat umsetzen. Einige dieser radikalen Reformmaßnahmen griffen tief in den Bereich der Kirche ein und führten damit auch zu einer erheblichen Einschränkung des päpstlichen Einflusses in bisherige, rein kirchliche Angelegenheiten. Papst Pius VI sah sich dadurch veranlasst persönlich nach Wien zu kommen, um mit Kaiser Joseph II über ein besseres Verhältnis von Kirche und Staat zu verhandeln.

Der Papst in Wien – ein Jahrhundertereignis wie auch mehrere Briefe Joseph II an seinen Bruder Leopold belegen.

Auszug aus dem Brief des Kaisers an seinen Bruder vom 4. März 1782 (Raithel, 1954). *Wir werden also dieses Wunder, den Papst, in Deutschland sehen. Ich schicke Cobenzl zum Empfang an die Grenze und meine Küche. [...]*

Auszug aus dem Brief des Kaisers an seinen Bruder vom 7. März 1782 (Raithel, 1954). *Aber wie außergewöhnlich seine Ankunft hier auch ist und wenn man sich auch auf all das vorbereiten kann, was er vorschlagen, tun oder verhandeln wird, so wird er mich doch, hoffe ich, als ergebenen Sohn der Kirche finden, als einen höflichen Hausherren, als guten Katholiken im vollen Sinn des Wortes, aber zugleich auch als einen über Phrasen und tragische Gebärden erhabenen Menschen, der fest, sicher und unerschütterlich in seinen Grundsätzen ist und der nur das Staatswohl ohne irgendeine andere Erwägung im Auge hat. [...]*

Um einen feierlichen Empfang in Wien zu vermeiden, reiste der Kaiser dem Oberhaupt der katholischen Kirche bis Neunkirchen in Niederösterreich entgegen und begrüßte ihn dort auf offenem Felde.

Auszug aus dem Brief des Kaisers an seinen Bruder vom 23. März 1782 (Raithel, 1954). *Bis über Neustadt hinaus bin ich ihm entgegengefahren. Um jede feierliche Begrüßung zu vermeiden, bin ich auf dem großen Wege, nur in Gegenwart der Postillone, mit ihm zusammengetroffen. Ich habe ihn sofort aussteigen lassen, in meinen Wagen gesetzt und ihn geradewegs nach Wien in die Burg geführt, wo ihn alle Kammerherren und Staatsräte erwarteten. [...]*

In langwierigen Verhandlungen versuchte Papst Pius VI mehrfach die Religionspolitik des Kaisers zu beeinflussen. Die Verhandlungen führten jedoch zu keiner Lösung des Konfliktes, da Joseph II auf die Weiterführung seiner Reformmaßnahmen bestand. Während seines Aufenthalts in Wien hatte der Papst eine Einladung des bayerischen Kurfürsten erhalten, nach München zu kommen. Aus diesem Grund reiste er am 22. April 1872 von Wien aus über Oberösterreich und Bayern wieder nach Rom zurück.

Damit kam es zu dem freudigen Ereignis, dass ein Papst in den Mauern unserer Stadt am Inn verweilte.

Im Auftrag des Kaisers begleitete Graf von Cobenzl, der Vizekanzler des kaiserlichen Hauses, den Papst. Die ungarische und polnische Leibgarde bewachte zu Pferde seinen Wagen. Am Abend des 22. April 1782 übernachtete Pius VI im Benediktiner Stift Melk in Niederösterreich, am nächsten Tag im Chorherrenstift St. Florian im Traunviertel und am dritten Tag in Ried im Schloss des Herrn von Stieber. Am 25. April frühmorgens verließ der Papst Ried im Innkreis und kam um 1 Uhr Nachmittags im Grenzstädtchen Braunau am Inn an. Von einem Fenster der niederwegerischen Weingastgebbehausung „Zur Goldenen Traube" (heute Hotel Post) erteilte Pius VI der

aus dem Innviertel und dem benachbarten Bayern herbeige-
strömten Menschenmenge seinen Segen.

Nachfolgend eine Beschreibung über den Aufenthalt des Papstes in Braunau aus den schriftlichen Aufzeichnungen eines
Zeitzeugen (Pius VI. Reise von Braunau nach München, 1913).

*Als seine päpstliche Heiligkeit aus Braunau, wo Höchstselbe
am 25. des nämlichen Monats um 1 Uhr nachmittags angekommen war, um den Segen aus der niederwegerischen
Weingastgebbehausung Zur Goldenen Traube dem Volke zu
erteilen, an die Mitte der Braunauer Brücke außer dem Inntore
gegen halb zwei Uhr angelangt war, wurde er von den beiden
kurfürstlichen Kammerherren, dem Reichsgrafen von Rambaldi
und Reichsgrafen von Haslang mit schuldiger Ehrfurcht emp-
fangen, und im Namen unseres durchlauchtigsten Kurfürsten
das erste Mal auf das Verbindlichste bewillkommnet. Eine Abteilung von dem kurfürstlichen Freikorps zu Pferde übernahm
die Eskortierung seiner Heiligkeit durch Simbach bis nach dem
Marktl, wo ebenfalls eine andere Abteilung des gedachten
Korps die Ablösung machte. Die beiden päpstlichen Kämerer
fuhren unmittelbar vor seiner päpstlichen Heiligkeit voraus.
[...]*

Abbildung 15. *„Gemäldefenster Altötting", Foto Manfred Rachbauer*

Im Linzer Mariendom ist auf einem der großen Gemäldefenster der Aufenthalt von Papst Pius VI in Braunau am Inn zu sehen (siehe dazu Abbildung 15 „Gemäldefenster Altötting").

Im oberen Teil des Gemäldefensters steht der päpstliche Reisewagen zur Fahrt über die Innbrücke nach Simbach bereit. Gleich darunter segnet der Papst den Landeshauptmann Graf Thürheim und Vizekanzler Graf Cobenzl, welche im Auftrage des Kaisers Joseph II den Papst bis an die Landesgrenze begleiteten. Rechts davon steht der Stadtpfarrer von Braunau Ignaz Probst und andere Geistliche. Ganz rechts außen im Bild sieht man einen Mann, der eine Schriftrolle in den Händen hält. Diese trägt die Aufschrift „Was ist der Papst?" Es handelt sich hierbei um Joseph Valentin Eybel, Landrat in Linz, ein gefürchteter und berüchtigter Klosteraufhebungskommissär. Eybel hatte, als der Papst in Wien beim Kaiser zu Besuch war, eine anonyme Schrift verbreiten lassen, welche die Vorrangstellung des Papstes in der römisch-katholischen Kirche leugnet und den Papst selbst einem Bischof gleichstellt. Ganz links im Bild sitzt der Chronist des Stiftes Lambach mit einer Feder in der Hand, der eben die Worte „eine Kraft ging von ihm aus!" niedergeschrieben hat. Diese im Evangelium auf den Heiland bezogenen Worte sollten den außergewöhnlichen Einfluss des Papstbesuches auf das tiefgläubige Volk bezeugen.

Im unteren Bereich des Gemäldefensters ist links die Stadtpfarrkirche in Braunau, in der Mitte die Taufe des bayerischen Herzogs Otto durch den Bischof Rupert von Salzburg in Altötting und rechts die Gnadenkapelle Altötting zu sehen (Oberchristl, 1924).

(Der hundertjährige Gedächtnistag der Anwesenheit des Papstes Pius VI in Braunau, 23. April 1882)

Literaturverzeichnis

Abgängig (23. Februar 1917). Rieder Sonntagsblatt.

Aufnahmsprüfung bei der k. u. k. Marineakademie (4. September 1915). Neue Warte am Inn.

Aufruf! (24. Januar 1920). Neue Warte am Inn.

Auszeichnung (31. März 1917). Neue Warte am Inn.

Auszeichnungen (10. August 1918). Neue Warte am Inn.

Beeidigung (17. Dezember 1915). Braunauer Zeitung: Beilage zum Rieder Sonntagsblatt. Rieder Sonntagsblatt.

Beförderung (24. August 1918). Neue Warte am Inn.

Beförderung (30. August 1918). Oberösterreichische Volkszeitung, S. 4.

Besitzveränderungen (5. Juli 1918). Rieder Sonntagsblatt, S. 4.

Demonstrationen gegen die Bierpreiserhöhung (18. Juli 1908). Neue Warte am Inn, S. 2–3.

Der „abfahrende" Oberkommissär der Marineakademie (8. November 1918). Oberösterreichische Volkszeitung, S. 4.

Der Bierkrieg (4. Juli 1908). Neue Warte am Inn.

Der hundertjährige Gedächtnistag der Anwesenheit des Papstes Pius VI in Braunau (23. April 1882). Neue Warte am Inn.

Der Schulgottesdienst der Marineakademie (19. Februar 1916). Neue Warte am Inn.

Der Sturm auf das Monturmagazin der Marineakademie (16. November 1918). Neue Warte am Inn.

Die Ankunft der Marineschüler (26. Juni 1915). Neue Warte am Inn.

Die Ankunft der Marineschüler (3. Juli 1915). Neue Warte am Inn.

Die Auflösung der k. u. k. Marineakademie (9. November 1918). Neue Warte am Inn.

Die Bärenjagd in Braunau oder das aufg'spannte Paraplü (16. Februar 1907). Neue Warte am Inn, S. 1–2.

Die Bierdemonstration in Braunau (1909). Illustrierter Braunauer Kalender für das Jahr 1909, 98–100.

Die Braunauer Bärenjagd vor 50 Jahren (14. Februar 1957). Neue Warte am Inn.

Die Frequentanten der hiesigen k. u. k. Seeaspirantenschule (5. Mai 1917). Neue Warte am Inn, S. 3.

Die zahlreichen Brandstiftungen der Schimmelreiter Lena (1927). Durch 34 Brandlegungen 47 Bauernhäuser vernichtet. Am 19. August 1828 in Braunau hingerichtet. Braunauer Heimatkalender für das Jahr 1927, S. 97–100.

Eine Marineschule in Braunau (19. März 1915). Linzer Volksblatt, S. 5.

Eitzlmayr, M. (1986). Das Haus Salzburger Vorstadt 13. Braunauer Stadtnachrichten, Nr. 42, September 1986.

Falk, S. (31. Dezember 1931, 8. Januar 1932). Vor 100 Jahren: Der dreifache Raubmord in Braunau, begangen am 23. Dezember 1831 in der Ringelgasse Nr. 149, jetzt Palmstraße Nr. 119. Teil 1. Neue Warte am Inn, S. 10–11 und Teil 2. Neue Warte am Inn, S. 6–10.

Fink, H. (6. Februar 1974). Anno 1908: Bierstreik gegen Bierpreiserhöhung. Neue Warte am Inn, S. 5–6.

Geselliger Abend der k. u. k. Marineakademie und k. u. k. Seeaspirantenschule (10. März 1916). Rieder Sonntagsblatt.

Geselligkeitsabend der k. u. k. Marineakademie (12. Februar 1916). Neue Warte am Inn.

Gwinner, W. (1878). Schopenhauers Leben: Zweite, umgearbeitete und vielfach vermehrte Auflage der Schrift: Arthur Schopenhauer aus persönlichem Umgange dargestellt (2. Band). Leipzig: Brockhaus.

Inspizierung (22. Mai 1915). Neue Warte am Inn.

Janaczek, G. (2007). Tüchtige Officirs und rechtschaffene Männer: Eine historische Bilderreise zu den Militär-Erziehungs- und Bildungsanstalten der k.(u.)k. Monarchie. Mitterfels: Vitalis.

Kriegsfürsorge (17. Dezember 1915). Braunauer Zeitung: Beilage zum Rieder Sonntagsblatt. Rieder Sonntagsblatt,

Lissa-Feier (23. Juli 1915). Braunauer Zeitung: Beilage zum Rieder Sonntagsblatt. Rieder Sonntagsblatt.

Lissa-Feier (24. Juli 1915). Neue Warte am Inn, S. 9.

Minning (16. März 1884). Neue Warte am Inn, S. 103.

Musterung bei der k. u. k. Marineakademie (22. Juni 1918). Neue Warte am Inn, S. 3.

Musterung bei der k. u. k. Marineakademie in Braunau (19. Juni 1918). Linzer Volksblatt, S. 3.

Nikolofeier der k. u. k. Marineakademie (11. Dezember 1915).
Neue Warte am Inn.

Oberchristl, F. (1924). 24. Altötting. In *Die neuen Gemälde-Fenster des Linzer Domes* (S. 51). Linz an der Donau: Verlag der Christlichen Kunstblätter.

Personales (25. August 1917). Neue Warte am Inn.

Pius VI. Reise von Braunau nach München (1913). Burghauser Geschichtsblätter, 3(1), 2–3.

Raithel, R. (1954). *Maria Theresia und Joseph II. ohne Purpur.* Wien: Österreichischer Bundesverlag.

Schmückung der Soldatengräber (3. November 1917). Neue Warte am Inn.

Schopenhauer, J. (1839). *Jugendleben und Wanderbilder.* Braunschweig: Georg Westermann.

Schulgottesdienst der Marineakademie (29. Jänner 1916). Neue Warte am Inn, S. 2.

Schweinepest (11. Oktober 1918). Rieder Sonntagsblatt, S. 4.

Unterhaltungsabend der k. u. k. Marineakademie (11. März 1916). Neue Warte am Inn.

Unterrichtsbeginn an der k. u. k Marineakademie (7. August 1915). Neue Warte am Inn.

Veränderung in der Leitung der hiesigen Marineakademie (12. Juli 1918). Rieder Sonntagsblatt, S. 4.

Von der k. u. k. Marineakademie (6. August 1915). Rieder Sonntagsblatt.

Von der k. u. k. Marineakademie (18. September 1915). Neue Warte am Inn.

Von der k. u. k. Marineakademie (23. September 1916). Neue Warte am Inn.

Von der k. u. k. Marineakademie (16. Juni 1917). Neue Warte am Inn.

Von der k. u. k. Marineakademie (28. Juli 1917). Neue Warte am Inn.

Von der k. u. k. Marineakademie (4. August 1917). Neue Warte am Inn, S. 4.

Von der k. u. k. Marineakademie (1. September 1917). Neue Warte am Inn.

Von der k. u. k. Marineakademie (15. Juni 1918). Neue Warte am Inn.

Von der k. u. k. Marineakademie (14. November 1918). Rieder Sonntagsblatt, S. 3.

Von der Marine (2. September 1916). Neue Warte am Inn, S. 4.

Von der Marineakademie (1. Februar 1916). Rieder Sonntagsblatt, S. 10.

Von der Marineakademie (14. April 1916). Rieder Sonntagsblatt, S. 9.

Von der Marineakademie (12. Mai 1916). Rieder Sonntagsblatt, S. 10.

Von der Marineakademie (9. Juni 1916). Oberösterreichische Volkszeitung, S. 12.

Von der Marineakademie (17. Juni 1916). Neue Warte am Inn.

Von der Marineakademie (16. September 1916). Neue Warte am Inn.

Von der Marineakademie (7. April 1917). Neue Warte am Inn, S. 4.

Vor 100 Jahren (24. August 1928, 31. August 1928). Vor 100 Jahren: Die letzte Hinrichtung in Braunau am Inn am 24. August 1928, 31. August 1928. Teil 1 und Teil 2. Neue Warte am Inn.

Zur Abwehr! (1. August 1908). Neue Warte am Inn, S. 8.

Zur Bierpreiserhöhung (11. Juli 1908). Neue Warte am Inn, S. 4.

Zur Übersiedelung der Marineakademie nach St. Wolfgang (22. Dezember 1915). Linzer Volksblatt, S. 4.

Abbildungsverzeichnis